Infocom

DROIT DE L'INFORMATION ET DE LA COMMUNICATION

Bruno Ravaz et Stéphane Retterer

ellipses

Dans la collection « INFOCOM »

- *Les médias dans le monde – enjeux internationaux et diversités nationales*, P. Albert et Ch. Leteinturier, 160 pages
- *Les professions du livre – édition, librairie, bibliothèque*, 2e édition, M. Bruillon et S. Ducas (dir.), 208 pages
- *La déontologie des journalistes – principes et pratiques*, A. Civard-Racinais, 128 pages
- *La presse en France des origines à 1944 – histoire politique et matérielle*, G. Feyel, 192 pages
- *Télévision et droit de la communication*, L. Franceschini, 176 pages
- *Introduction à l'analyse de la télévision*, F. Jost, 2e édition, 176 pages
- *Histoire des médias audiovisuels*, B. Lamizet, 192 pages
- *Économie générale des médias*, M. Mathien, 192 pages
- *Le mémoire de recherche en information-communication*, J.-L. Michel, 96 pages
- *Les professions de la communication – fonctions et métiers*, J.-L. Michel, 2e édition, 192 pages
- *Droit de l'information et de la communication*, B. Ravaz et S. Retterer, 176 pages
- *Sociologie des médias*, R. Rieffel, 176 pages
- *Les médias en Afrique*, A.-J. Tudesq, 160 pages

ISBN 978-2-7298-2885-1

www.editions-ellipses.fr

INTRODUCTION

« L'homme est un être unique parmi les créatures vivantes en ce qu'il a la possibilité de transmettre les idées et les informations de génération en génération » écrivait Korzibsky, l'un des fondateurs de la sémantique générale. Cette originalité est la capacité de transmettre un message à un destinataire, la capacité de communiquer, d'entrer en relation, de révéler une information, d'émettre une idée, de la discuter, l'affiner, en laisser une trace soit dans les mémoires humaines, soit dans les mémoires moins faillibles de l'écrit, de l'image, de la bande magnétique ou de l'ordinateur.

Au cours de son évolution, l'homme a appris à perfectionner son message. Aujourd'hui, grâce au progrès des technologies de l'information et de la communication, il peut s'adresser en même temps à un nombre illimité d'individus, être en relation immédiate avec un interlocuteur éloigné de plusieurs milliers de kilomètres, écouter des enregistrements, saisir des données, diffuser des films, des messages, sans contrainte physique si ce n'est celle de la possession ou de l'accès à la machine à communiquer.

L'information est un contenu qui est porté à la connaissance de l'individu. Elle est une recherche et une révélation d'un contenu. La communication est une mise en relation et une interaction : les individus échangent des informations et des idées. Ces transferts de contenus peuvent présenter certains risques. Ils peuvent violer la propriété privée, révéler abusivement la vie privée, dépasser les bornes de la décence, outrager, injurier, diffamer, provoquer, induire en erreur. Ces graves inconvénients exigent de la société une intervention régulatrice.

Dans les pays démocratiques, l'information et la communication sont libres en principe. Mais le législateur prévoit les limites à ne pas franchir qu'il s'agisse de communication individuelle ou de communication collective, de communication verbale ou par voie de presse, radio, télévision, ordinateur ou satellite.

Ces limites font l'objet d'un contrôle le plus souvent *a posteriori* qui se traduit par des sanctions administratives ou pénales. Parfois, le régime plus restrictif de contrôle *a priori* continue à s'exercer pour les informations et communications réputées les plus dangereuses ou incontrôlables. L'État exerce une régulation par le droit. Cette régulation est par définition instable puisqu'elle doit suivre l'évolution des techniques et s'adapter aux contingences sociales modernes, celles de l'individualisme et de la mondialisation. Elle est assurée selon le cas par une autorité indépendante comme le Conseil supérieur de l'audiovisuel en France. Mais l'information et la communication voyagent vite et loin. La régulation est nécessairement internationale consacrant ainsi l'effet de mondialisation des nouveaux médias.

Information et communication se retrouvent dans la célèbre formule de Laswell : « qui dit quoi, à qui, par quel canal et avec quel effet ? » Dans une première partie, nous examinerons les droits de l'émetteur son droit à une expression libre (chapitre 1), la protection patrimoniale de son expression (chapitre 2), les droits spécifiques des professionnels de l'expression s'agissant notamment des journalistes (chapitre 3).

Dans une seconde partie consacrée aux médias, nous examinerons le droit de la presse écrite (chapitre 4), de la presse audiovisuelle (chapitre 5), du multimédia et de l'Internet (chapitre 6).

Enfin, nous nous intéresserons aux droits du récepteur selon sa catégorie (chapitre 7), son droit à l'information (chapitre 8) et son droit de réponse (chapitre 9).

Première partie

Le droit de l'émetteur

1 LA LIBERTÉ D'EXPRESSION

La liberté d'expression est un droit situé au cœur des processus d'information et de communication qui permet aux individus de parler et d'écrire sans contrainte sur les sujets de leur choix, en disposant d'un maximum d'informations, en utilisant les médias disponibles, en étant responsables de leurs affirmations.

La liberté d'expression est aussi essentielle pour exercer une liberté politique. Elle est le droit d'exprimer son opinion, sa différence. Elle est synonyme de tolérance, de transparence, de manifestation de la vérité, autrement dit de démocratie.

I – Un droit synonyme de démocratie

La liberté d'expression est un droit fondamental (A). Ses fondements naturels et éthiques ont suscité la consécration d'un droit constitutionnel à la liberté d'expression en France lequel a été consolidé par les traités et la jurisprudence internationaux. Cette liberté est reconnue dans toutes les démocraties pluralistes. Mais la liberté d'expression n'est pas toujours effective (B). Elle est niée dans les régimes autoritaires. Même dans les démocraties pluralistes, son effectivité n'est pas toujours assurée, la censure adoptant chaque fois de nouvelles formes.

A – Un droit fondamental

1 – Fondement naturel de la liberté d'expression

La liberté d'expression a un fondement naturel. Elle est d'abord une faculté physique résultant de l'évolution biologique. Mais elle est aussi une voie pour l'individu dans sa recherche du bonheur. Un individu qui vit en société, qui veut choisir son destin, peser sur les choix qui déterminent son avenir et qui a soif de justice et de vérité. La tolérance et le pluralisme sont les seuls moyens de parvenir à ces fins. La liberté d'expression est un droit naturel de l'homme et ce droit s'impose à toute forme d'organisation politique.

a – La fonction naturelle du langage

L'homme est doué par la nature de la faculté de s'exprimer. Il dispose des organes vocaux, manuels, auditifs, intellectuels, qui lui permettent de parler, écrire, communiquer. Cette disposition naturelle ne souffre aucune restriction. La nature ne censure pas l'homme qui s'exprime et qui exerce par le langage la fonction essentielle de communication. Mais la nature est elle-même profondément inégalitaire et tous les êtres vivants ont des conditions d'existence différentes et expriment des idées différentes : ainsi le même évènement relaté par différents individus, la même information, le même message, seront exprimés de manière très variable. L'expression est synonyme de diversité, de pluralité, de richesse. Chaque individu qui s'exprime utilise ses sens, son intelligence, sa raison. Le « logos » grec signifie à la fois raison et langage. Le miracle grec, l'avènement de la rationalité, procède des relations discursives entre les hommes, de l'abandon du mythe, de la réaction de l'homme face au sacré. Cette raison triomphe dans le stoïcisme cicéronien : l'homme sage, cultivé, philosophe, qui sait convaincre, imposer sa pensée, est chargé d' «autorictas », de rayonnement. Il est source du droit. Il révèle le vrai et le juste. La raison stoïcienne n'est pas seulement intellection. Elle est aussi verbe, force créatrice. Ce verbe est inhérent à la nature humaine, puisqu'il offre la possibilité de la spéculation. L'axe biblique de la découverte de la raison humaine repose sur l'interpellation de l'homme par la parole divine : « au commencement était le verbe ».Toute la Bible repose sur la parole, sur l'expression divine.

b – L'épanouissement de la personne humaine

L'individu doué de raison est une personne. L'expression de chacun caractérise sa personnalité. Or la personne raisonnable est douée de volonté. Cette volonté est autonomie, indépendance. Ce que Kant nomme idée transcendantale de la liberté, est cette indépendance de la volonté par rapport à la contrainte des penchants de la sensibilité. Par conséquent, l'homme est naturellement libre en tant que personne. Mais cette personne n'est pas engluée dans un rationalisme figé. Elle aspire à un idéal de nature spirituelle qui la conduit à se dépasser. L'homme se libère en dépassant sa propre condition matérielle et rationnelle, en tendant vers un idéal. Pour cette raison la liberté d'expression est à la fois une condition nécessaire, un moyen pour atteindre l'idéal, mais aussi constitue une partie de cet idéal. Elle est davantage que le simple corollaire de la liberté d'opinion. L'une n'existe pas sans l'autre. Sans liberté d'expression la prétendue liberté d'opinion ne serait qu'une illusion. La personne n'existe que par rapport à autrui, envers qui elle joue un rôle (en latin *persona* désigne le masque, celui derrière lequel l'acteur se cachait pour jouer). La liberté d'opinion n'existe que si elle peut se manifester, se révéler, être soutenue. Ainsi la liberté d'expression comme droit naturel trouve son fondement en ce qu'elle est indispensable pour assurer l'épanouissement personnel de l'individu. Aucun progrès n'est possible sans libre expression : la censure fige un moment dans l'histoire. Elle entérine et fixe des situations qui sont des rapports de force dont profitent ceux qui l'instaurent. La liberté est à la fois la condition du progrès de l'humanité et sa fin. Chaque personne humaine est différente d'une autre en raison de son vécu différent, de ses aptitudes différentes, de sa sensibilité propre. Albert Jaccard, dans son *Éloge de la différence*, tire dans une formule significative la leçon de la génétique : « l'autre nous est précieux, dans la mesure où il nous est dissemblable ». Cette différenciation semble, en effet, la cause et la conséquence de l'évolution : les molécules douées du pouvoir d'auto reproduction, prolifèrent en organismes multiples et différents. La différence est vie. Elle est richesse. La liberté d'expression, telle qu'elle existe par nature chez l'homme est liberté d'exprimer sa différence et par conséquent de s'épanouir.

c – L'exigence de participation

La personne humaine est unique. Mais l'homme ne vit pas seul. Il est un « animal politique » qui vit en société. La liberté de chacun est ainsi relative : toute liberté ne doit pas avoir pour effet, lorsqu'elle est exercée, d'entraver la liberté de l'autre, de lui nuire. Si considérée du point de vue de l'homme, de sa nature et de ses qualités intrinsèques, la liberté n'a de limite conceptuelle que l'assujettissement aux lois naturelles, considérée du point de vue de la société, la liberté humaine ne peut s'exercer que dans un tissu complexe de relations interindividuelles et collectives. La société est un ordre précaire en constante évolution. Elle change avec la modification des comportements, des mœurs, des cultures, de la connaissance. Cet ordre a un but qui est d'assurer la conservation des individus dans la société. À l'intérieur de la société l'individu est un homme situé qui manifeste son opinion, qui accepte ou refuse la norme sociale, qui intervient dans le débat social pour faire valoir ses idées, ses passions.

Dans la société politique, l'homme s'exprime pour faire valoir son avis sur toute question qui intéresse l'organisation de la cité, de l'État. Cette expression est toujours celle d'une forme de pouvoir direct ou indirect. Elle est la manifestation spontanée d'une exigence de participation de l'homme à son propre avenir, celui de sa famille, de ses amis. L'homme veut peser sur les choix fondamentaux qui conditionnent son existence ; il le fait à travers la participation politique. En démocratie les choses sont relativement aisées parce que le citoyen a des droits reconnus et protégés. Il s'exprime seul quand il le peut ou par l'intermédiaire des partis politiques qui sollicitent son suffrage ou par l'intermédiaire de ses représentants élus au « Parlement », le lieu où l'on parle. Dans un régime autoritaire l'individu ne peut que très difficilement exprimer sa contestation. Dans un régime totalitaire toute opposition est niée, toute contestation réprimée, toute dialectique contraire aux dirigeants au pouvoir est interdite.

d – La recherche de la vérité : l'idéal de justice

La justice est un besoin fondamental chez l'homme. Elle procède nécessairement de la vérité. Mais pour que la vérité apparaisse il est indispensable que tous les éléments qui concourent à sa manifestation soient connus. Seule une liberté d'expression absolue peut garantir une objectivité et une impartialité dans le processus de justice. Cette dernière est par essence le résultat d'une confrontation des thèses en présence, des arguments, des motifs ayant déterminé l'action des individus. Sans respect de la contradiction les droits de la défense n'existent pas. Ce principe de contradiction est au cœur de tous les systèmes de procédure des pays démocratiques, qu'il s'agisse de droit pénal ou de droit civil. Les systèmes qui ne respectent pas la contradiction ne sont pas démocratiques. Dans la société moderne, de plus en plus judiciarisée, le principe de contradiction est renforcé par celui de transparence. Cette dernière devient une exigence du citoyen pour lui permettre de comprendre, de s'expliquer en toute connaissance de cause ; il faut qu'il puisse appréhender tous les aspects d'une situation, d'un problème. Demander justice, c'est demander que toute la lumière soit faite, c'est jurer de dire toute la vérité, c'est faire s'exprimer les parties aux intérêts divergents, entendre les avocats, le procureur de la république, les témoins à charge ou à décharge. Mais réclamer justice n'est pas nécessairement s'adresser aux tribunaux : la justice est le lieu de toutes les revendications qu'elles soient politiques, économiques ou sociales. La défense de la liberté d'expression est le seul moyen libéral de susciter les manifestations d'opinions même divergentes, dont la confrontation est nécessaire à la révélation de la vérité. John Stuart Mill voit dans la liberté d'expression, le moyen pour l'humanité de connaître la vérité.

e – La tolérance

La tolérance s'est imposée historiquement à la fois comme une cause de la liberté d'expression et comme une conséquence. Elle consiste à admettre que des opinions contraires puissent être librement exprimées, que des croyances minoritaires puissent être librement exercées. La notion de tolérance est consubstantielle à celle des droits de l'homme : c'est parce que chaque individu a le même droit que tout autre à penser et à s'exprimer, que le fond de sa pensée et le message qu'il exprime sont *a priori* acceptables. La conception universaliste des droits de l'homme, qui mérite d'être défendue, implique nécessairement la tolérance puisque nul individu ne saurait être entravé dans la manifestation de son humanité.

f – Le pluralisme

Le pluralisme est au cœur de la démocratie libérale. Il signifie d'abord qu'une pluralité d'instances exerce le pouvoir : pluralité de partis politiques lancés à la conquête du pouvoir, pluralité d'organes de représentation, pluralité d'organes de direction, séparation des pouvoirs. Le pluralisme est synonyme de démocratie dans la mesure où il permet le débat public et contradictoire et encourage l'expression libre des idées. Le pluralisme est la meilleure garantie contre l'arbitraire et le moyen de résister à toute forme d'oppression.

g – Droit naturel à l'expression

La liberté d'expression comme droit naturel préexiste à toute forme d'organisation juridique et politique. Parce qu'il ne saurait être restreint dans son principe, le droit naturel à l'expression jouit d'une valeur philosophique incontestable. Mais quelle est la valeur juridique d'un tel principe ? La lex aeterna est à l'homme ce que sa raison lui permet de connaître, selon Thomas d'Aquin, et la lex humana est le droit positif, c'est-à-dire le droit actuellement en vigueur. La *lex aeterna* est innée en chacun de nous qui peut ressentir un profond sentiment d'injustice dès lors que la loi positive paraît foncièrement injuste. Les « lois non écrites des dieux » invoquées par Antigone contre Créon, doivent s'imposer à la loi humaine trop souvent dévoyée ou simplement imparfaite. Xénophon, Platon, Aristote ont opposé ce droit non-écrit au droit légal. Mais matérialistes et positivistes contestent l'idée d'un droit naturel préexistant et parfait. Pour eux, la loi humaine est le résultat d'un rapport de force entre différentes tendances conflictuelles, économiques, politiques, sociales etc. Le système juridique français a donné toute sa force au principe de liberté d'expression qu'il consacre comme droit naturel et érige au rang de principe fondamental du droit positif.

2 – Un droit consacré par la constitution française

La liberté d'expression est un droit fondamental car elle est consacrée depuis le sommet de la hiérarchie des normes. Elle est doublement protégée par la constitution et par la jurisprudence constitutionnelle (b).

a – La protection constitutionnelle de la liberté d'expression

En France, la liberté d'expression est plus ou moins reconnue et garantie selon les régimes politiques depuis 1789. La Déclaration des droits de l'homme et du citoyen du 26 août 1789 lui accorde un caractère fondamental. Imprégnée de la philosophie des Lumières, la Déclaration des droits de l'homme et du citoyen, votée par l'Assemblée constituante le 26 août 1789, proclame la charte de l'homme libre dans une société libre, selon les principes du droit naturel et de l'individualisme du XVIIIe siècle. Munis des cahiers de doléances rédigés par leurs électeurs, les députés révolutionnaires ont consacré le principe fondamental de liberté : « le but de toute association politique est la conservation des droits naturels et imprescriptibles de l'homme. Ces droits sont la liberté, la propriété, la sûreté et la résistance à l'oppression. » (art. 2). Forme essentielle de la liberté comme droit naturel de l'homme, la liberté d'expression est reconnue et proclamée dans les articles 10 et 11 : « Nul ne doit être inquiété pour ses opinions, même religieuses, pourvu que leur manifestation ne trouble pas l'ordre public établi par la loi » (art. 10) et « La libre communication des pensées et des opinions est l'un des droits les plus précieux de l'homme ; tout citoyen peut donc parler, écrire, imprimer librement, sauf à répondre de l'abus de cette liberté dans les cas déterminés par la loi. » (art. 11). Ce dernier alinéa correspond logiquement à la définition de la liberté donnée par l'article 4 de la Déclaration : « la liberté consiste à pouvoir faire tout ce qui ne nuit pas à autrui : ainsi l'exercice des droits naturels de chaque homme n'a de bornes que celles qui assurent aux autres membres de la société la jouissance de ces mêmes droits. Ces bornes ne peuvent être déterminées que par la loi ».

La Constitution du 3 septembre 1791, plaçant la Déclaration de 1789 dans son préambule, a toutefois précisé dans son titre I « la liberté à tout homme de parler, d'écrire, d'imprimer, et publier ses pensées, sans que les écrits puissent être soumis à aucune censure ni inspection avant leur publication… »

La Constitution du 24 juin 1793 réaffirme dans sa propre Déclaration des droits : « le droit de manifester sa pensée et ses opinions, soit par la voie de la presse, soit de toute autre manière, le droit de s'assembler paisiblement, le libre exercice des cultes, ne peuvent être interdits » (art. 7 alinéa 1).

Après avoir rappelé dans le même article (alinéa 2) que « la nécessité d'énoncer ces droits suppose ou la présence ou le souvenir récent du despotisme », la Constitution de 1793 accorde dans son article 122 : « … la liberté indéfinie de la presse, le droit de pétition… la jouissance de tous les droits de l'homme ».

La Constitution du 5 fructidor an III (22 août 1795), qui marque le retour à une forme plus étendue de contrôle social, n'évoque pas la liberté d'expression dans sa Déclaration des droits et des devoirs de l'homme et du citoyen. Elle prévoit seulement le principe de la liberté de parler et d'imprimer dans le titre XIV et dernier intitulé « dispositions générales » qui prévoit « la censure ne peut être préalable, mais *a posteriori* peut être légitime » (art. 353 alinéa 1). L'individu qui s'exprime est, pour la première fois, « responsable de ce qu'il a écrit ou publié ». Enfin la Constitution de l'an III admet la possibilité de prohiber « en raison des circonstances » la liberté de la presse, mais par une loi « essentiellement provisoire » et n'ayant « effet que pendant un an au plus, à moins qu'elle ne soit formellement renouvelée » (art. 355).

La Constitution de l'an VIII, très courte, ne comporte aucune déclaration des droits. Les quelques articles du titre VIII « dispositions générales » qui évoquent a minima quelques libertés formelles, ne font aucune allusion aux libertés d'opinion ou de communication. Seulement, mince consolation, « toute personne a le droit d'adresser des pétitions individuelles à toute autorité constituée et spécialement au tribunal ».

Les senatus consultes de l'an X sont aussi restrictifs mais un semblant de liberté d'expression réapparaît timidement avec le senatus consulte organique de l'an XII (18 mai 1804). Le Sénat comprend désormais deux commissions, l'une chargée de faire respecter « la liberté individuelle », l'autre de veiller à « la liberté de la presse ». Mais ces commissions ne jouèrent qu'un rôle insignifiant. Celle de la « liberté de la presse » ne pouvait connaître de la presse périodique et son seul droit était de solliciter du Sénat, après enquête, qu'il déclare la protestation suivante : « il y a de fortes présomptions que la liberté de la presse ait été violée », audace que jamais le Sénat ne s'autorisa.

La charte constitutionnelle du 4 juin 1814 marque la restauration de la liberté d'expression : le Roi accorde à ses sujets « le droit de publier et de faire imprimer leurs opinions, en se conformant aux lois qui doivent réprimer les abus de cette liberté » (art. 8) L'acte additionnel du 22 avril 1815 précise dans son article 64 que « tout citoyen a le droit d'imprimer et de publier ses pensées, en les signant, sans aucune censure préalable, sauf la responsabilité légale après la publication, par jugement par jurés, quand même il n'y aurait lieu qu'à l'application d'une peine correctionnelle ».

La charte du 14 août 1830 reconnaît aux Français « le droit de publier et de faire imprimer leurs opinions en se conformant aux lois. La censure ne pourra jamais être rétablie ». Ces dispositions seront confirmées par la constitution républicaine du 4 novembre 1848 après qu'un projet de loi rétablissant la censure eût causé la chute de Charles X. Sous le Second Empire la liberté de la presse est supprimée, mais à partir de 1860, l'Empire devenant plus libéral, un début de tolérance s'exerce rendant possible l'expression de polémistes tels que Rochefort.

La Constitution de la IIIe République, composée d'un ensemble disparate de lois relatives à l'organisation des pouvoirs publics, ne mentionne aucun droit et liberté du citoyen. Mais la République est démocratique et la norme juridique suprême est la loi votée par le Parlement.

La loi du 29 juillet 1881 supprime pour la première fois toute forme de régime préventif et se contente d'instituer pour la presse un régime répressif libéral. Cette loi fondamentale fait partie des textes encore en vigueur dans notre droit positif actuel et qui a même désormais un statut constitutionnel. En effet ni la Constitution du 27 octobre 1946, ni celle du 4 octobre 1958 n'ont osé reformuler autrement une liberté désormais acquise. Toutes les deux ont trouvé plus judicieux de réaffirmer l'attachement du peuple français à la Déclaration de 1789.

Mieux encore, le préambule de 1946 réaffirme combien le peuple français est attaché aux grandes lois de la République, c'est-à-dire aux lois instituant les libertés fondamentales sous la IIIe République. Enfin le préambule de la Constitution de 1958 reprend à son compte celui de 1946 et par conséquent elle proclame à nouveau l'attachement du peuple français « aux droits de l'homme et aux principes de souveraineté nationale tels qu'ils ont été définis par la Déclaration de 1789, confirmée et complétée par le préambule de 1946 ». L'article 10 et l'article 11 de la Déclaration des droits de l'homme garantissent les libertés d'opinion et d'expression « sauf à répondre de l'abus de cette liberté dans les cas déterminés par la loi ». Dès lors le législateur moderne n'a pas eu besoin de modifier dans son principe, la loi du 29 juillet 1881 relative à la liberté de la presse, dont l'article un proclame « l'imprimerie et la librairie sont libres ». De même, les nombreuses lois qui ont régi la liberté d'expression dans la radiodiffusion ou l'audiovisuel, tout en préservant longtemps le monopole de l'État, n'en proclamaient pas moins le principe de liberté reconnu et garanti par l'État, seul capable d'en permettre la réalisation effective, dans le cadre du service public. La loi Filloud du 29 juillet 1982 sur la communication audiovisuelle se montre rigoureuse quant à l'exposé des principes qui l'ont inspirée. Il est rappelé dès l'article un, que « la communication audiovisuelle est libre » et que les citoyens « ont droit à une communication audiovisuelle libre et pluraliste ». Puis l'exposé des missions du service public se fait précis : « dans le respect des principes de pluralisme et d'égalité entre les cultures, les croyances, les courants de pensée et d'opinion ». Toutes les lois, fort nombreuses au demeurant, qui concernent la liberté de communiquer par quelque canal que ce soit, prennent la précaution de rappeler dès leur premier article, le principe fondamental de liberté qu'elles entendent, par leurs dispositions, réguler. Il est vrai que le législateur ne peut pas faire de trop graves entorses au principe sans encourir désormais la censure du Conseil constitutionnel.

b – Une liberté garantie par le Conseil constitutionnel

Sous les premières Républiques et jusqu'au début de la cinquième, notre système juridique reposait sur le dogme de la suprématie absolue de la loi. Ce mythe de l'infaillibilité du législateur a été abandonné avec la Constitution de 1958 qui a réduit la compétence parlementaire à un domaine restrictif, limitativement énuméré par l'article 34 de la constitution. Mais le Conseil constitutionnel, initialement prévu pour faire respecter les champs de compétences législatives et réglementaires, a dépassé rapidement le rôle qui semblait lui être imparti pour désormais contrôler la conformité des lois votées par rapport à un ensemble normatif supérieur et étendu : le bloc de constitutionnalité incluant la Déclaration des droits de 1789, le préambule de 1946, les principes fondamentaux reconnus par les lois de la République, les principes particulièrement nécessaires à notre temps, et tous les principes donnés par les juges eux-mêmes comme ayant valeur constitutionnelle.

En 1971 le Conseil a déclaré inconstitutionnelle une loi attentatoire à la liberté d'association laquelle est à certains égards une forme d'expression collective. En 1977 le Conseil s'est fondé sur l'article 10 de la Déclaration des droits de l'homme (liberté d'opinion) et sur le principe fondamental de la liberté de conscience pour reconnaître une valeur constitutionnelle à la liberté d'enseignement. En 1979 le Conseil a considéré le principe de continuité du service public de radiodiffusion et de télévision comme ayant valeur constitutionnelle, tout autant que le droit de grève. Dans une décision de 1982 le même Conseil constitutionnel a affirmé que « le pluralisme des courants d'expression socioculturels est un objectif de valeur constitutionnelle », après avoir déjà indiqué l'obligation pour le titulaire d'une dérogation au monopole d'État sur la radiotélévision de respecter « l'expression libre et pluraliste des courants d'idées et d'opinion ». Dans une décision de 1984 le juge constitutionnel se fondant sur l'article 11 de la Déclaration des droits de l'homme et du citoyen de 1789, consacre la valeur constitutionnelle de l'indépendance et de la liberté d'expression des professeurs d'université. En 1984 le conseil proclame que la liberté d'expression est « d'autant plus précieuse que son existence est l'une des garanties essentielles du respect des autres droits et libertés de la souveraineté nationale, la loi ne peut en réglementer l'exercice qu'en vue de le rendre plus effectif ou de le concilier avec d'autres règles ou principes de valeur constitutionnelle ». Dans cette même décision, le juge consacre le pluralisme des entreprises de presse et des quotidiens d'information politique et générale en exigeant que le public puisse être « à même de disposer d'un nombre suffisant de publications de tendances et de caractères différents ». Le Conseil constitutionnel a étendu cette obligation de pluralisme à l'ensemble des moyens de communication. Il réaffirme pour la liberté de communication audiovisuelle la valeur constitutionnelle du pluralisme des courants d'expression socioculturels, cette « exigence du pluralisme des courants d'idées et d'opinion » constituant « le fondement de la démocratie ».

Dans ces conditions, le législateur est tenu de respecter un principe devenu supra légal : le principe de valeur constitutionnelle de la liberté d'expression. L'affirmation de ce principe est d'autant plus crédible que le Conseil constitutionnel, en matière de droits et libertés, interdit au législateur tout retour en arrière. C'est ce que la doctrine appelle l'effet cliquet : la loi nouvelle ne peut diminuer les garanties offertes par la loi qu'elle vise à remplacer, ce qui, dans l'hypothèse désormais fréquente d'alternance politique au pouvoir empêche toute remise en cause de la liberté. Mais les traités internationaux conclus par la France renforcent encore la garantie du citoyen.

3 – Une liberté garantie au niveau international

Cette protection résulte de l'ensemble des traités internationaux conclus par la France (a), mais aussi de la jurisprudence très libérale de la Cour européenne des droits de l'homme (b).

a – Une reconnaissance étendue

La Déclaration universelle des droits de l'homme de 1948 énonce très largement : « tout individu a droit à la liberté d'opinion et d'expression ce qui implique le droit de ne pas être inquiété pour ses opinions et celui de chercher, de recevoir et de répandre, sans considérations de frontières, les informations et les idées par quelque moyen d'expression que ce soit ».

Mais c'est surtout le dispositif européen qui s'avère le plus protecteur de la liberté d'expression. La Convention européenne de sauvegarde des droits de l'homme et des libertés fondamentales, signée à Rome le 4 novembre 1950 et ratifiée par la France seulement le 3 mai 1974 reconnaît à « toute personne la liberté de pensée, de conscience et de religion » (art. 9 alinéa 1), « le droit au respect de sa vie privée et familiale, de son domicile, de sa correspondance » (art. 8 alinéa 1). Enfin, « toute personne a droit à la liberté d'expression. Ce droit comprend la liberté d'opinion et la liberté de recevoir ou de communiquer des informations ou des idées sans qu'il puisse y avoir ingérence d'autorités publiques et sans considération de frontière. Le présent article n'empêche pas les États de soumettre les entreprises de radiodiffusion, de cinéma ou de télévision à un régime d'autorisations » (art. 10 alinéa 1). Par ailleurs « l'exercice de ces libertés comportant des devoirs et des responsabilités peut être soumis à certaines formalités, conditions, restrictions ou sanctions, prévues par la loi, qui constituent des mesures nécessaires dans une société démocratique, à la sécurité nationale, à l'intégrité territoriale ou à la sûreté publique, à la défense de l'ordre et à la prévention du crime, à la protection de la santé ou de la morale, à la protection de la réputation ou des droits d'autrui, pour empêcher la divulgation d'informations confidentielles ou pour garantir l'autorité et l'impartialité du pouvoir judiciaire » (art. 10 alinéa 2). La jurisprudence de la Cour européenne des droits de l'homme se montre particulièrement vigilante sur le respect de ces principes par les États membres.

b – Une jurisprudence très protectrice

À l'occasion de plusieurs litiges, la Cour a eu l'occasion de manifester sa conception libérale du principe de liberté d'expression :

Dès 1976, à propos d'une saisie et confiscation en Angleterre d'un livre jugé obscène (livre rouge destiné aux écoliers et évoquant notamment l'éducation sexuelle) la Cour énonce pour la première fois que « la liberté d'expression vaut non seulement pour les informations ou idées accueillies avec faveur ou jugées inoffensives, mais aussi pour celles qui heurtent, choquent ou inquiètent, ainsi le veulent le pluralisme, la tolérance et l'esprit d'ouverture sans lesquels il n'y a pas de société démocratique. »

En 1985 la Cour sanctionne un État qui avait condamné un vétérinaire pour avoir fait des déclarations dans la presse à des fins jugées publicitaires, alors que selon la Cour l'article 10 de la Convention s'applique pour toute expression d'une opinion et d'une information à caractère général « sans qu'il soit nécessaire de rechercher si la publicité bénéficie ou non de la garantie qu'il assure ». L'information peut concerner aussi bien une personne physique qu'une personne morale comme une entreprise de presse qui toutes peuvent se prévaloir autant que tout citoyen d'un État signataire, de l'article 10 de la Convention.

En 1991, à propos d'un livre écrit par un ancien agent des services secrets britanniques et de la simple publication d'extraits par la presse d'information, la Cour, tout en reconnaissant que l'article 10 de la Convention n'interdit pas toute restriction préalable à la liberté de publier, considère surtout que de telles restrictions présentent de graves dangers, l'information étant un bien périssable, en retarder la publication, même pour une brève période, risquerait de la priver de toute valeur et de tout intérêt. Non seulement la presse a le droit de diffuser les informations lorsqu'elles présentent un intérêt, mais, selon la Cour, le public dispose d'un droit à recevoir cette information.

En 1992, la Cour se montre particulièrement protectrice à l'égard des journalistes énonçant des jugements de valeur qui révèlent une opinion ou des informations qui ne sauraient être prouvées.

En 1994, la Cour montre qu'elle peut parfois aller très loin pour privilégier la liberté d'expression en admettant des propos racistes.

En 1995, la Commission a conclu à la violation de la Convention à propos de la condamnation d'un dirigeant politique de la minorité musulmane de Thrace occidentale pour atteinte à l'ordre public, celui-ci ayant distribué, durant une campagne électorale, des tracts appelant « turque » la population musulmane de la région.

En 1996, la Cour a reconnu le droit au secret des sources journalistiques comme un élément essentiel de la liberté de la presse, estimant que l'absence d'une telle protection pourrait dissuader les informateurs d'aider la presse à informer le public sur des questions d'intérêt général. En l'espèce, un journaliste avait obtenu des informations confidentielles appartenant à une société privée et les avait publiées. La Cour a privilégié la protection des sources journalistiques plutôt que la protection d'intérêts privés.

En 1997, la Cour a refusé qu'un journaliste exprimant une opinion en des termes un peu vifs, soit condamné pour injure. En l'espèce un journaliste autrichien avait écrit à propos de M. Jorg Haider « primo qu'il n'est pas un nazi, secundo qu'il est un imbécile ». Et l'article de justifier cette affirmation. La Cour a estimé que les écrits litigieux « ne constituent pas une attaque personnelle gratuite de M. Haider et que le mot imbécile est une opinion et non une insulte qui ne se prête pas à une démonstration de véracité ». La Cour admet plus largement, dans sa démonstration, la liberté de ton des journalistes à l'encontre des hommes publics, surtout s'agissant d'hommes politiques dont les propos se prêtent eux-mêmes à la critique.

En 1999, la Cour a encore renforcé cette protection du journaliste émetteur d'informations en estimant que le droit du public à être informé sur des questions d'intérêt général devait prévaloir quelles que soient les circonstances de la découverte de l'information par le journaliste. En l'espèce, le journal satirique *Le Canard enchaîné* avait, en pleine période de conflit social provoqué par le blocage des salaires par la direction de l'entreprise Peugeot, publié la feuille d'imposition du Président directeur général de l'entreprise, laquelle faisait apparaître une hausse substantielle de ses rémunérations déjà confortables. La Cour de cassation française avait confirmé un arrêt de condamnation pour délit de recel. La Cour européenne des droits de l'homme a estimé que même illustré par des avis d'imposition d'origine douteuse, l'article des journalistes du *Canard enchaîné* apportait une contribution à un débat public relatif à une question d'intérêt général. Dès lors la condamnation des requérants par la justice française n'était pas justifiée au regard de l'article 10 de la Convention.

En 2001, la Cour condamne l'État français pour n'avoir pas fait évoluer sa législation depuis le décret-loi du 6 mai 1939 sur les publications de provenance étrangère. La Cour rappelle que les régimes préventifs doivent faire l'objet, en matière de liberté d'expression, de « l'examen le plus scrupuleux » et ne pas se contenter de discriminations générales devenues désuètes.

En 2006, la Cour sanctionne la France qui avait condamné un article publié dans *Le Quotidien de Paris* qui critiquait l'encyclique « Splendeur et vérité » de Jean-Paul II en reprochant aux chrétiens des responsabilités dans le développement de l'antisémitisme.

4 – Un droit reconnu par toutes les démocraties pluralistes

La liberté d'expression ayant été définie par la Cour européenne des droits de l'homme comme l'un des fondements essentiels d'une société démocratique, il est dès lors logique de la voir consacrée dans toutes les démocraties pluralistes. Toutefois les circonstances historiques, politiques ou économiques font que le principe peut difficilement être appliqué dans les mêmes conditions dans des pays souvent très différents. Il ne s'agit en rien d'une appréciation relativiste de la liberté d'expression mais simplement de la prise en compte de particularismes culturels le plus souvent en voie d'homogénéisation à cause des effets de l'impérialisme culturel des pays les plus riches (USA, France) et de la mondialisation.

Aux États-Unis la liberté d'expression (*freedom of speech*) est reconnue et garantie par le premier amendement à la constitution fédérale : « Le Congrès ne fera aucune loi… restreignant la liberté de parole ou de la presse ». La Cour suprême des États-Unis a imposé le respect de ce principe de manière plus ou moins libérale selon les époques. Parfois très largement (brûler le drapeau américain est garanti par le premier amendement), parfois de manière plus restrictive, notamment en justifiant certaines censures prétendument « proportionnées aux critères de décence locaux ». La Cour a rappelé l'importance du droit constitutionnel à la liberté d'expression « qui est un remède puissant dans une société aussi diverse et nombreuse que la nôtre. Il est destiné à écarter les limitations par l'État de l'espace de la discussion publique, en remettant largement le pouvoir de décider quelles sont les vues qui s'exprimeront entre les mains de chacun d'entre nous, dans l'espoir que l'utilisation de cette liberté produira en fin de compte des citoyens plus compétents et de meilleures institutions ».

En Angleterre, dès le XVIIIe siècle la monarchie renonce au système de la censure préalable, même si, dans un pays de common law, la liberté de principe pouvait recevoir de nombreuses limitations pour autant que ces dernières paraissaient « nécessaires » aux juges. Toutefois l'absence de déclaration des droits naturels ou fondamentaux (le *Bill of Rights* ne concerne pas la liberté d'expression) pose en Grande-Bretagne maintes difficultés aux tribunaux pour faire respecter le principe coutumier.

En Italie, la Constitution de la Ire République proclame dans un article 21 particulièrement détaillé : « Chacun a le droit de manifester librement sa pensée par la parole, par les écrits ou par tout autre moyen de diffusion. La presse ne peut être assujettie à autorisation ou à censure. Il ne peut être procédé à la saisie d'un imprimé que par un acte motivé de l'autorité judiciaire en cas de délit expressément prévu par la loi sur la presse ou en cas de violation des règles que cette même loi prescrit pour la désignation des responsables. Dans ces cas, lorsque l'urgence est absolue et quand l'intervention de l'autorité judiciaire ne peut avoir lieu en temps voulu, la saisie de la presse périodique peut être effectuée par des officiers de police judiciaire, qui doivent immédiatement, et au plus tard dans les 24 heures, en avertir les autorités judiciaires. Si ces dernières ne la valident pas dans les 24 heures suivantes, la saisie doit être considérée comme révoquée et privée de tout effet. La loi peut établir, par des normes de caractère général, que les moyens de financement de la presse périodique soient rendus publics. Les publications imprimées, les spectacles et toutes les autres manifestations contraires aux bonnes mœurs sont interdits. La loi établit des mesures aptes à prévenir et à réprimer les abus ». La Cour constitutionnelle italienne a eu l'occasion de défendre ce principe.

En Espagne, l'article 20 de la constitution comporte trois alinéas qui consacrent la liberté d'expression, de création littéraire, artistique, scientifique etc., de communiquer ou de recevoir une information véridique sauf clause de conscience ou de secret professionnel défini par la loi, de prodiguer un enseignement… L'article 20 alinéa 2 interdit toute censure préalable et l'article 20 alinéa 3 impose le pluralisme.

En Allemagne, la loi fondamentale du 23 mai 1949 dispose dans son article 5 que « 1. chacun a le droit d'exprimer et de diffuser librement son opinion par la parole, par l'écrit et par l'image, et de s'informer sans entraves aux sources qui sont accessibles à tous. La liberté de la presse et la liberté d'informer par la radio, la télévision et le cinéma sont garanties. Il n'y a pas de censure. 2. Ces droits trouvent leurs limites dans les prescriptions des lois générales, dans les dispositions légales sur la protection de la jeunesse et dans le droit au respect de l'honneur personnel. 3. L'art et la science, la recherche et l'enseignement sont libres. La liberté de l'enseignement ne dispense pas de la fidélité à la constitution ».

Mais c'est certainement la constitution portugaise de 1976 qui manifeste l'attention la plus grande à la liberté d'expression. Elle lui consacre plusieurs articles très exhaustifs (notamment les articles 37 à 41). Elle définit la liberté d'expression comme le droit de faire connaître sa pensée par tout moyen, « ainsi que le droit d'informer, de s'informer et d'être informé sans entraves ni discriminations ». La constitution portugaise comporte en outre des dispositions spécifiques pour garantir la liberté d'expression des partis politiques ainsi que les organisations syndicales et professionnelles qui disposent notamment « d'un droit à des temps d'antenne à la radio et à la télévision », mais aussi « des espaces dans les journaux appartenant ou dépendant des entités publiques ».

B – Un droit qui n'est pas toujours effectif

La liberté d'expression, parce qu'elle permet la polémique, la contestation, l'opposition, est niée dans les régimes politiques antidémocratiques. Mais l'on constate aussi que même les régimes pluralistes éprouvent des difficultés à rendre cette liberté effective pour tous. De nouvelles formes de censure apparaissent.

1 – Un droit nié dans les régimes antidémocratiques

Dans les régimes totalitaires la liberté d'expression n'existe pas. Au péril de leur vie, des auteurs, des journalistes, des obstinés et des courageux crient parfois leur aspiration à la liberté et sont pourchassés et éliminés. Sous l'Ancien Régime, la censure prenait une double forme : celle de l'index religieux et celle de la puissance monarchique tutélaire du roi sur ses sujets.

À partir du XVIIe siècle, Théophraste Renaudot, créateur de *La Gazette* (1631) à la solde de Richelieu, puis les auteurs et philosophes XVIIIe siècle : Diderot, Malesherbes, Voltaire, Rousseau, Beaumarchais, Locke, réclament liberté et tolérance. Avec les philosophes des lumières, l'aspiration à la liberté trouve son fondement rationnel : l'écrit devient le moyen pour l'homme d'accéder à la connaissance et à la vérité. La Révolution française proclamera la liberté d'expression qui ne sera effective que jusqu'en 1792 (Marat, Mirabeau, Camille Desmoulins). Après cette date, la censure reprendra ses activités sous contrôle des Girondins puis des Jacobins et l'Empire consacrera un retour aux pratiques de l'Ancien Régime. Ce n'est qu'après 1860, sous le second Empire, que la libéralisation politique permet à la presse de se développer. Sous la IIIe République, la presse est libre en principe et de nombreux titres prolifèrent même si le nombre de lecteurs reste encore faible. La liberté d'expression apparaît bien comme une conquête pour la liberté de la presse écrite puis de la radio, de la télévision, Internet enfin. À chaque fois, deux conceptions de la liberté ont été opposées : la conception libérale et la conception marxiste. Cette dernière considère la liberté d'expression comme une liberté formelle dans un système capitaliste où les plus démunis n'ont pas accès aux médias et ne peuvent exprimer en toute hypothèse que leur révolte face aux oppresseurs. Dans ces conditions, on ne sera pas surpris de constater que les régimes politiques marxistes ont bafoué une liberté suspectée d'être la voie de la réaction bourgeoise et celle des renégats. Hannah Arendt a parfaitement décrit, dans ses ouvrages les pratiques communistes et fascistes prohibant toute liberté individuelle au nom d'une nécessaire intégration à la masse et dans un mouvement totalitaire entretenu par la propagande. Selon Hannah Arendt, l'atomisation de la société a renforcé le besoin de cohérence des individus qui ont été séduits par les mirages fictifs et le monde virtuel proposé par les communistes et les fascistes. Cette soumission volontaire au silence a laissé impunément les élites dirigeantes des États totalitaires réduire la liberté à néant. De nos jours, il existe encore dans le monde de nombreuses dictatures qui répriment la liberté d'expression avec la plus grande violence. Selon Reporters sans frontières, en 2003 « plus d'un tiers des habitants de la planète vivent encore dans des pays où la liberté de la presse n'est purement et simplement pas reconnue ». En Chine, malgré l'ouverture au capitalisme, les libertés démocratiques sont toujours bafouées. Les médias chinois restent inféodés au Parti communiste dont ils sont, selon le chef de l'État Jiang Zemin, « les porte-voix ». La mission des médias chinois est simple : ils doivent informer le peuple chinois de tout ce qui se passe de « positif » dans la République socialiste. À défaut, les journalistes s'exposent aux purges voire à l'incarcération. La loi chinoise interdit de recevoir des télévisions étrangères sauf autorisation spéciale. L'internet est contrôlé par l'État à travers quatre réseaux nationaux qui supportent l'ensemble des connexions à l'échelle du territoire et qui évitent ainsi soigneusement toute connexion avec l'étranger et permettent un contrôle rigoureux des contenus. Toutefois l'essor des techniques fait que de plus en plus les internautes chinois parviennent à percer la « cybermuraille » étatique pour accéder à la libre expression mondialiste. En Corée-du-Nord, le régime stalinien de Kim Jong-il prive une population de plus de 22 millions d'habitants de toute liberté d'expression et de toute information objective. En Inde, les médias se libéralisent mais les pressions contre les journalistes se multiplient. Dans les anciennes dictatures communistes en Europe de l'Est, la situation s'est considérablement améliorée mais la liberté d'expression reste menacée. En Russie, le pouvoir politique a repris la mainmise sur les médias au détriment du pluralisme de l'information. En Tchetchénie, aucun journaliste indépendant n'est toléré. Des journalistes sont régulièrement agressés et parfois même assassinés. En Turquie, de nombreuses lois restrictives de la liberté d'expression sont rigoureusement appliquées le plus souvent dans le but de protéger l'État contre les revendications islamistes ou extrémistes, contre les revendications séparatistes kurdes. Sous de tels prétextes de nombreux pays du Maghreb et du Moyen Orient limitent la liberté : Algérie, Tunisie, Maroc, Lybie, Syrie etc. En Afrique Noire comme dans de nombreux pays d'Afrique du Sud, la liberté n'est pas garantie. Même dans les démocraties pluralistes, la liberté n'est pas toujours effective car la censure prend de nouvelles formes.

2 – De nouvelles formes de censure

L'association Reporters sans frontières a stigmatisé le fait que s'agissant de la liberté de la presse les grandes démocraties, en Amérique du Nord, en Europe, en Asie, connaissent des difficultés récurrentes et des « bavures ». Ainsi au sein même de l'Union européenne, des menaces sur le pluralisme et la liberté de l'information sont apparues ou se sont aggravées dans plusieurs États membres de l'Union. Par exemple, en Italie où le chef de l'État, Silvio Berlusconi, contrôle l'essentiel des médias audiovisuels du pays, privés comme publics et où la répression des manifestations organisées contre la mondialisation ultralibérale lors du sommet de Gênes en 2001 a fait un mort et plusieurs blessés dont 19 journalistes. À de nombreuses reprises, S. Berlusconi a abusé de son pouvoir pour licencier de nombreux journalistes suspectés de ne pas lui être favorables. Des journalistes ont été assassinés au Pays basque, en Irlande, lieux traditionnels de conflits d'une rare violence.

Aux États-Unis, l'après onze septembre 2001 a vu le régime conservateur se raidir avec intransigeance contre toute forme de critique suspectée « d'antiaméricanisme ». Quinze grands journalistes américains ont dénoncé dans un ouvrage intitulé à juste titre *Black list* (Les Arènes, 2003) les atteintes de plus en plus graves à l'encontre de la liberté d'expression aux États-Unis et notamment à l'encontre du journalisme d'investigation. À tel point que certains n'hésitent pas à dénoncer « la mort de la liberté d'expression aux USA » (J. Ziegler, 2005).

En France, il devient très difficile à l'heure actuelle d'écrire des essais polémiques, d'analyser et d'interpréter sous un jour nouveau l'histoire récente ; il devient presque impossible d'écrire le moindre ouvrage, article, sur la notion de race, sur l'islam, sur la pédophilie. Il existe une forme de censure des bien-pensants, une tyrannie des maîtres-censeurs qui imposent une conception de plus en plus lisse, normalisée, anémiée de l'expression. Pour agir ainsi les censeurs, quand ils ne contrôlent pas directement les médias, s'organisent en association privée ayant pour objet de défendre les grands principes et agissent en justice pour faire condamner les ouvrages, leurs auteurs et leurs éditeurs. Un général en retraite et son éditeur ont été condamnés pour avoir osé décrire les tortures commises par l'armée française en Algérie entre 1955 et 1957 sans exprimer ni remord ni regret. Il s'agit d'une forme de censure de l'histoire qui occulte une vérité dérangeante. Un auteur dénonçant la corruption des tribunaux de commerce a fait l'objet de 23 condamnations à des dommages-intérêts très importants alors même qu'un rapport de commission d'enquête parlementaire intitulé « Tribunaux de commerce : une justice en faillite » a longuement corroboré tous les soupçons et accusations. Un écrivain de renom qui s'est laissé aller dans une interview à dénoncer de manière provocante et certainement excessive « l'Islam, la religion la plus con », a été cité à comparaître devant le tribunal correctionnel et a fait l'objet d'une campagne de dénigrement. Même s'il n'a pas été condamné, les déboires de cet écrivain illustrent une forme de censure culturelle qui s'exerce au nom de la morale, des droits de l'homme ou des bons sentiments et qui manifeste beaucoup d'intolérance. La publication de caricatures du prophète Mahomet par des quotidiens danois puis français et européens a soulevé une vague de protestations et de menaces de mort inclinant les gouvernements occidentaux à faire des excuses. Avec la loi Gayssot votée en 1990, les propos racistes, antisémites et négationnistes sont désormais des délits sanctionnés par des peines d'amende et d'emprisonnement ce qui signifie que des sujets qui intéressent la société dans son ensemble sont tabous et interdits de tout débat. Mais la forme de censure la plus souvent dénoncée est celle qui est pratiquée parfois au nom du respect de l'intimité de la vie privée. Nombreux sont ceux qui regrettent que l'on ne puisse plus parler de la vie privée des stars, les prendre en photographie sans leur consentement. Les tribunaux accordent des dommages-intérêts parfois très importants à des stars surprises par l'objectif d'un appareil ou d'une caméra alors que cet intérêt médiatique nourrit leur notoriété et les enrichit.

La liberté d'expression est bien une liberté complexe. Ce n'est pas parce que le droit la consacre qu'elle ne peut pas manquer en fait. Il faut dire qu'elle n'est pas une liberté anodine : elle produit un effet social, un impact. Souvent elle permet la révolte, la dénonciation, la révélation de faits que certains voulaient cacher. Dès lors, elle implique une réponse, un débat, une contradiction. Mais parfois la liberté d'expression peut se manifester avec beaucoup d'excès et nuire à autrui. Elle est alors liberté d'injurier, de diffamer, de violer la vie privée. Elle doit dès lors être sanctionnée. Cette confrontation entre intérêts divergents, entre personnalités et opinions diverses, est d'autant plus importante socialement que les médias de masse créent et entretiennent la polémique avec beaucoup de zèle et d'avidité.

Dans un sondage CSA publié par l'hebdomadaire *Marianne* le 14 octobre 2002, 71 % des personnes interrogées estiment que d'une manière générale, s'agissant des œuvres artistiques (livres, films etc.), les pouvoirs publics doivent pouvoir en interdire ou censurer certaines. La peur des abus de liberté semble plus grande que la peur du manque de liberté.

II – Un droit qui ne se conçoit pas sans limites

Les limites à la liberté d'expression sont d'ordre éthique et juridique.

A – Les limites éthiques

Il n'existe aucun texte consacrant la liberté d'expression qui n'envisage également les limites nécessaires à son exercice. Dans l'ordre juridique libéral, il n'existe aucun droit sans limite puisque les individus étant libres et égaux en droit, la liberté de chacun est nécessairement limitée par le respect de la liberté de l'autre. En matière de liberté d'expression de nombreux abus sont susceptibles d'apparaître qui constitueront des atteintes à la liberté ou à différents droits protégés. Ainsi la liberté d'expression ne peut être la liberté de diffamer, d'injurier, de tenir des propos racistes, d'inciter au crime ou au suicide etc. Parfois il s'agira de concilier la liberté d'expression avec d'autres droits fondamentaux, comme par exemple le droit au respect de la vie privée. Toutes ces difficultés ne peuvent être résolues par le seul législateur : dans un régime démocratique la liberté est sans cesse négociée entre tous les partenaires et avec les différentes institutions concernées, pour atteindre un point d'équilibre qui est la résultante de nombreuses variables économiques, sociales, culturelles. Mais si la notion d'abus de liberté est facile à concevoir, en revanche les limites et les critères de l'abus sont mouvants et aléatoires.

1 – Les risques d'abus de liberté d'expression

L'article 4 de la Déclaration des droits de l'homme et du citoyen du 26 août 1789 donne une définition relativement imprécise de la liberté : « la liberté consiste à pouvoir faire tout ce qui ne nuit pas à autrui : ainsi l'exercice des droits naturels de chaque homme n'a de bornes que celles qui assurent aux autres membres de la société la jouissance de ces mêmes droits. Ces bornes ne peuvent être déterminées que par la loi ». Or, la loi « expression de la volonté générale » n'a le droit de défendre que les actes « nuisibles à la société » (art. 5

alinéa 1). C'est pourquoi l'article 11 relatif à la liberté d'expression prévoit : « ... tout citoyen peut donc parler, écrire, imprimer librement, sauf à répondre des abus de liberté dans les cas déterminés par la loi ». L'abus est donc constitué par tout acte susceptible « de nuire à autrui » et de « toute action nuisible à la société ». Mais le texte révolutionnaire reste bien vague, même si, après des siècles de censure il constitue un progrès considérable pour les libertés démocratiques. La Déclaration des droits de l'homme du 24 juin 1793 n'a pas prévu la moindre restriction à la liberté d'expression, ni conçu la moindre limite. Toutefois ce texte n'a jamais été appliqué en droit positif. En toute hypothèse la reconnaissance d'une liberté absolue en principe n'aurait nullement empêché le législateur souverain de prévoir ultérieurement « par nécessité » des adaptations afin de sanctionner toutes formes d'abus.

L'article 10 de la Convention européenne de sauvegarde des droits de l'homme est très précis sur les éventuels abus de liberté puisqu'il énonce : « 2 - l'exercice de ces libertés comportant des devoirs ou des responsabilités peut être soumis à certaines formalités, restrictions ou sanctions prévues par la loi, qui constituent des mesures nécessaires dans une société démocratique, à la sécurité nationale, à l'intégrité territoriale, ou à la sûreté publique, à la défense de l'ordre et à la prévention du crime, à la protection de la santé ou de la morale, à la protection de la réputation ou des droits d'autrui, pour empêcher la divulgation d'informations confidentielles ou pour garantir l'autorité et l'impartialité du pouvoir judiciaire ». Les États signataires ont donc imaginé trois matières dans lesquelles ils veulent se réserver des possibilités dérogatoires pour limiter la liberté d'expression : tout d'abord tout ce qui concerne la souveraineté internationale de l'État et par conséquent les questions de sécurité et défense nationale, de sûreté, d'intégrité territoriale. Ces dispositions permettent de limiter la liberté d'expression des militaires et des fonctionnaires. Elles permettent d'interdire la divulgation de secrets intéressant la défense de la nation et du territoire mais elles risquent aussi d'inciter certains États à se retrancher trop facilement derrière la qualification de « secret-défense ». Ensuite les États signataires ont entendu préserver leur conception de l'ordre public interne : tout ce qui concerne la politique pénale proprement dite et qui relève de la souveraineté interne des États. Ainsi toutes les hypothèses de répression des délits et crimes contre l'individu et la société. Chaque État peut conserver sa propre conception de l'ordre public avec notamment sa propre appréciation des règles de sécurité, tranquillité, salubrité voire de morale publique. Chaque État a sa propre histoire, son degré d'évolution, de tolérance ou de permissivité et les limites à ne pas franchir peuvent être appréciées bien différemment selon qu'on se situe « au-delà ou en deçà des Pyrénées ». Tout l'intérêt de la Convention européenne et de la jurisprudence de la Cour européenne est d'aider à la définition des limitations « nécessaires dans une société démocratique » afin d'élaborer une conception commune, proprement européenne, des droits et libertés fondamentaux. En attendant une telle évolution, il appartient à la jurisprudence de définir le plus précisément possible les critères de l'abus de liberté :

2 – Les critères de l'abus de liberté d'expression

Il est possible de distinguer deux critères certains qui caractérisent à coup sûr l'abus de liberté d'expression : l'intention de nuire (a) et l'atteinte aux droits fondamentaux (b). Mais la jurisprudence retient aussi d'autres critères plus discutables : le trouble à l'ordre public (c) et l'irresponsabilité (d).

a – L'intention de nuire

Selon une jurisprudence bien établie, il y a abus de droit lorsque son titulaire l'exerce à des fins détournées de son véritable but et dans l'intention de nuire. Cet aspect subjectif de l'appréciation de l'abus ne peut être que le résultat d'une appréciation jurisprudentielle, le législateur ne pouvant prévoir d'une manière préfixe et absolue les circonstances dans lesquelles se manifeste la volonté de nuire. Le plus souvent le législateur prévoit un certain nombre d'infractions dans lesquelles l'intention de nuire est présumée. Ainsi pour toutes les atteintes à l'honneur et à la considération d'une personne. L'intention de nuire, la mauvaise foi, est un élément constitutif de l'infraction sans laquelle l'acte n'est pas punissable. Par exemple la loi qui régit les publications destinées à la jeunesse punit les cas de démoralisation de la jeunesse lorsque la mauvaise foi de l'auteur est patente. Le délit de provocation aux crimes et délits requiert, comme élément intentionnel, la conscience de l'influence de la provocation ; autre exemple, le délit d'offense au Président de la République requiert la même intention coupable.

b – L'atteinte aux droits fondamentaux

L'abus de liberté est plus nettement caractérisé quand il a pour effet de porter atteinte à un droit fondamental. Ainsi les délits d'excitation à la haine, à la discrimination, à l'honneur et la considération des personnes, les atteintes à la dignité de la personne. La liberté d'expression peut, par exemple, porter atteinte au droit à la vie. Ainsi la jurisprudence a t-elle dû s'interroger sur la question de savoir si un ouvrage intitulé « suicide mode d'emploi » pouvait être publié sans préjudice pour nombre de personnes en situation particulière de détresse morale. Le droit au respect de la vie privée est aussi un droit fondamental, protégé par le législateur et par la jurisprudence. Très souvent les juges ont l'occasion d'intervenir à la demande des stars du show-business pourchassées par les paparazzi. Parfois ces derniers peuvent être directement mis en cause pour le harcèlement coupable dont ils font montre et qui peut être à l'origine d'un accident.

c – Le trouble à l'ordre public

La notion de trouble à l'ordre public est une notion assez impalpable. La conception qu'en ont les tribunaux français n'est pas seulement d'ordre matériel. Il y a certes trouble à l'ordre public en cas d'émeute mais aussi en cas d'atteinte à la moralité publique voire à l'esthétique de la cité. Mais la notion est trop floue pour être satisfaisante. En matière de liberté d'expression il existe toujours un risque de voir l'individu qui s'exprime déchaîner les passions, en sa faveur ou contre lui. Or l'expression est beaucoup moins souvent la cause d'un désordre qu'une conséquence d'une situation contestable, génératrice elle-même de désordre et qui suscite la contradiction. C'est évident en matière d'expression politique. L'expression est un acte de révolte plus ou moins mesuré et dirigé contre l'ordre institué. On ne voit pas comment cet ordre institué peut légitimer son intervention sur la nécessaire préservation d'un ordre contesté sauf à justifier une dictature, fût-ce celle d'une majorité sur une minorité. En matière d'atteinte à la moralité, là encore le critère n'est guère satisfaisant. D'une part la moralité n'est pas susceptible d'une définition juridique précise et d'autre part il s'agit d'une notion très contingente, susceptible d'une grande variété d'interprétations selon les circonstances de temps, de lieu, selon le degré de maturité des individus, selon leurs propres critères de tolérance, d'humour etc. On ne peut que penser aux écrits de Stendhal ou de Baudelaire, longtemps censurés au nom d'un ordre bourgeois moralisateur et hypocrite. Mais la censure de l'expression au nom de l'ordre moral est encore et toujours, en France comme ailleurs, une réalité, qui s'exerce souvent de manière insidieuse.

d – L'irresponsabilité

Un nouveau critère a été dégagé par la jurisprudence qui exige que tout individu souhaitant exprimer sa pensée le fasse avec « une nécessaire responsabilité en raison des incidences qu'elle peut provoquer ». Cette jurisprudence s'est révélée à l'occasion des opinions très provocatrices et très scandaleuses exprimées par quelques historiens selon lesquels les chambres à gaz et le génocide des juifs par les nazis n'auraient jamais existé. Le tribunal a jugé : « … si l'expression d'une opinion doit rester libre, l'historien ne saurait cependant échapper à la règle commune, liant l'exercice d'une liberté à l'acceptation éclairée d'une responsabilité ». Certes en l'espèce la prétendue thèse de l'historien est odieuse et manifestement contraire à la cruelle vérité. Mais l'utilisation du critère de la responsabilité par le juge fait de ce dernier le contrôleur et par conséquent le censeur de l'histoire. Or il n'appartient pas au juge d'être le gardien de la vérité historique. « Il n'a ni qualité ni compétence pour juger l'histoire… il en résulte que l'historien a, par principe, liberté pleine et entière d'exposer, selon ses vues personnelles ou selon l'expérience de sa propre vie, les faits, actes ou attitudes des hommes ou groupements d'hommes ayant joué dans les événements qu'il soumet librement à sa recherche ». Il n'appartient pas au juge « de se comporter comme juge de l'histoire ni de procéder à un travail d'historien ».

B – Les limites juridiques

La loi de 1881 a instauré un régime répressif de l'expression destiné à sanctionner *a posteriori* les abus. Ainsi la liberté d'expression ne permet ni l'injure (1), ni la diffamation (2), ni les propos racistes, xénophobes ou négationnistes (3), les atteintes à l'ordre public (4) et ne permet pas non plus les atteintes à l'intimité de la vie privée (5).

1 – L'injure

L'article 29 de la loi du 29 juillet 1881 définit l'injure comme « toute expression outrageante, termes de mépris ou invective qui ne renferme l'imputation d'aucun fait ». La jurisprudence a eu l'occasion à de maintes reprises de préciser cette définition. Par expression outrageante, il faut comprendre les propos qui portent atteinte à l'honneur, à la délicatesse, à la dignité de la personne visée. L'invective est une expression grossière et violente destinée à humilier une personne, à la rabaisser. Les termes de mépris sont variés qui visent à dégrader un interlocuteur, à le réduire à une forme infra-humaine. Par exemple, traiter quelqu'un de singe, de bécasse, de fourmi ou de rapace est constitutif de l'injure. L'imputation d'une opinion (par exemple « nazi » ou « fasciste ») peut être injurieuse, notamment selon la qualité de la personne visée et le contexte dans lequel l'invective est formulée. Un ton humoristique, par exemple une caricature, une satire, peut permettre d'éviter la qualification d'injure. Le juge apprécie souverainement en fonction des éléments de fait dont il dispose. Mais la qualification qu'il convient de donner à une expression injurieuse est une question de droit contrôlée par la Cour de cassation.

Par ailleurs, l'injure doit viser un corps ou une personne déterminée ou déterminable avec précision. Si l'injure est publique, le législateur la sanctionne aussi sévèrement que s'il s'agissait d'une diffamation. Si l'injure n'est pas publique, elle est une simple contravention prévue à l'article R621-2 du Code pénal. L'injure peut être réalisée à l'aide de dessins, croquis, images, photographies. Par exemple, une croix gammée peinte sur le mur d'une propriété est constitutive du délit d'injure.

Le délit d'injure est un délit intentionnel ce qui signifie que l'intention coupable est requise même s'il existe une présomption simple de mauvaise foi. Pour s'exonérer, le prévenu devra prouver sa bonne foi, par exemple en invoquant un libre droit de critique, de polémique syndicale ou politique. Le juge peut admettre de voir repousser certaines limites par exemple en période de campagne électorale ce qui justifie une certaine tolérance. En toute hypothèse, le prévenu peut invoquer l'excuse absolutoire de provocation lorsque le plaignant avait lui-même au préalable tout fait pour irriter son interlocuteur.

2 – La diffamation

La diffamation est caractérisée par « toute allégation ou imputation d'un fait qui porte atteinte à l'honneur ou à la considération de la personne et du corps auquel il est imputé. La publication directe ou par voie de reproduction de cette allégation est faite sous forme dubitative ou si elle vise une personne ou un corps non expressément nommés, mais dont l'identification est rendue possible par les termes du discours, des cris, menaces, écrits ou imprimés, placards ou affiches incriminés » (art. 29 – alinéa 1 de la loi du 29 juillet 1881).

a – L'élément constitutif de la diffamation

Il faut que le fait qui porte atteinte à la victime soit « allégué ou imputé ». Peu importe que le fait ait été affirmé clairement, que la victime ait été mise en cause directement ou que l'auteur se soit protégé par des propos douteux, se soit reposé sur la foi d'autrui ou se soit contenté de reproduire des propos ou des écrits antérieurs. La diffamation existe même si elle se cache sous divers déguisements : l'assimilation à une personne directement visée, l'allusion faite par la peinture d'une croix gammée sur la porte d'une maison, la réticence, l'ironie d'une formule comme celle-ci : « nous serions reconnaissants à M. R.... de nous donner quelques renseignements sur les motifs qui l'ont amené à résilier ses fonctions d'administrateur de notre Caisse d'épargne... Ces circonstances ne peuvent certainement qu'être tout à l'honneur de M. R.... », sont diffamatoires.

Les formulations telles que « nous ne pousserons pas l'indiscrétion jusqu'à lui demander des confidences sur certain essai de réhabilitation demeuré infructueux » ne mettent pas à l'abri des poursuites, non plus que les formules dubitatives assorties de « peut-être » ou de « probablement », « sous toutes réserves », « l'auteur ne se porte pas garant de l'exactitude du fait révélé ». En tout état de cause, il doit s'agir d'un fait précis. Si aucun fait précis n'est imputé ou allégué, il n'y a pas diffamation mais injure, constituée par « toute expression outrageante, terme de mépris ou invective ».

Dans cette optique, la critique ou la polémique religieuse, philosophique, politique, artistique, ne sont pas des faits précis. Ce serait aller à l'encontre de la liberté d'opinion que d'attacher un caractère diffamatoire, donc déshonorant, à une croyance ou des idées.

Le fait précis doit être de nature à porter atteinte à l'honneur ou à la considération. Atteignent l'honneur toutes les accusations d'avoir commis les crimes et délits que la loi réprime, mais également d'avoir violé la loi morale : fraudes, vices, duplicité, mauvaise foi, délation... Quant aux atteintes à la considération, elles sont aussi en nombre illimité et dépendent de critères très subjectifs qu'il incombe au juge d'apprécier. Dans le domaine professionnel, sont diffamatoires toutes les imputations relatives à des manquements par rapport aux exigences de la profession. Les jugements les plus acerbes et désobligeants portés sur des œuvres sont en revanche licites mais le critique encourt une sanction s'il se laisse aller à dénigrer la personne de l'auteur, voire s'il cherche à tromper le public sur les idées exprimées par l'auteur. Le tribunal correctionnel a pu ainsi condamner pour diffamation le *Figaro Magazine*, coupable d'avoir présenté l'écrivain André Bercoff, alias « Caton », comme « inféodé au pouvoir ». Le critique ne pourra pas non plus accuser un écrivain de plagiat ou d'usurpation de signature, ou d'affirmer que, dénuées de goût et de talent, ses initiatives ne peuvent être que mauvaises.

Enfin, il faut que la personne visée soit reconnaissable. Il n'est pas à cet égard nécessaire d'être désigné nommément pour se plaindre de diffamation ; il suffit que « l'identification soit rendue possible ». Cette identification peut résulter soit de la force de l'allusion : curé d'Arsures — les Arsurettes, appelé curé d'Arsouilles — Arsouillettes, soit des précisions de temps, de lieu, de profession, de particularités physiques ou morales. Le particulier qui se sent visé comme membre d'un groupe diffamé (ethnique, religieux, professionnel...) peut, de plus en plus, voir agir l'association ou le syndicat qui le représente : association anti-raciste, par la loi du 2 juillet 1972, syndicat professionnel par l'article L. 411-11 du Code du travail.

Pour que soit constituée la diffamation, il faut une intention coupable de l'agent. Toutefois, l'article 35 bis de la loi de 1881 dispose que « les imputations diffamatoires sont réputées faites de mauvaise foi sauf preuve contraire de leur auteur ». Cette mauvaise foi présumée n'est qu'une présomption simple. La preuve de motifs légitimes est admissible.

b – L'exceptio veritatis

Selon l'article 35 de la loi de 1881 « la vérité des faits diffamatoires peut toujours être prouvée, sauf... les faits concernant la vie privée, les faits remontant à plus de dix ans, les faits prescrits ou amnistiés, réhabilités ou révisés ».

Si la preuve est faite que les faits sont véridiques, aucune condamnation, ni pénale ni civile, ne pourra être prononcée contre celui qui les a rapportés. Si, dans les trois cas où elle interdit de prouver la véracité des faits, la loi réprime la simple médisance, dans tous les autres cas, c'est le fait de calomnier qui sera poursuivi. Des trois exceptions, seule la vie privée est source d'incertitude, car il est difficile d'en donner une définition générale. Dans tous les autres cas, les poursuites peuvent être arrêtées par la preuve de la véracité des faits, mais au prix d'une procédure très contraignante : devant les juridictions pénales, l'article 55 de la loi de 1881 impose au diffamateur de signifier par huissier, dans les dix jours de la citation, les pièces qu'il entend verser, la liste des témoins qu'il appellera à la barre. La victime dispose d'un délai de 5 jours pour apporter sa preuve contraire, de la même façon (art. 56).

c – *Les sanctions*

La personne diffamée peut intenter une action devant le tribunal civil ou devant le tribunal correctionnel. Cette dernière voie fait encourir au diffamateur une peine éventuelle de 12 000 euros d'amende. En plus de dommages-intérêts, la victime pourra obtenir la publication du jugement dans le journal en cause et dans d'autres, aux frais du diffamateur, la saisie et la destruction des journaux, la suppression des passages diffamatoires dans les prochaines éditions, l'insertion d'un encart rectificatif dans les éditions en vente.

Toutes les actions concernant les délits de presse sont prescrites au bout de trois mois ce qui est un délai exceptionnellement court, protecteur de la liberté.

3 – Les propos racistes et xénophobes et les propos négationnistes

La loi du 1er juillet 1972 a introduit dans la loi du 29 juillet 1881 des dispositions destinées à sanctionner spécialement les injures et diffamations à caractère raciste ou xénophobe ainsi que les provocations de même nature. L'article 32 – alinéa 2 de la loi de 1881 punit la diffamation commise envers une personne ou un groupe de personnes à raison de leur origine, ou de leur appartenance ou non appartenance à une ethnie, une nation, une race ou une religion déterminée, d'un emprisonnement d'un an et d'une amende de 45 000 euros. L'injure raciste ou xénophobe est réprimée par l'article 33 – alinéa 3 de six mois d'emprisonnement et de 22 500 euros d'amende. L'article 24 – alinéa 6 de la loi de 1881 punit ceux qui « auront provoqué à la discrimination, à la haine ou à la violence à l'égard d'une personne ou un groupe de personnes à raison de leur origine, ou de leur appartenance ou non-appartenance à une ethnie, une nation, une race ou une religion déterminée d'un an d'emprisonnement et 45 000 euros d'amende. Les diffamations non publiques, les injures non publiques et les provocations non publiques mais racistes ou xénophobes sont punies des amendes prévues pour les contraventions de 4e classe (articles R. 624-3, R. 624-4 et R. 625-7 du Code pénal). Afin de réprimer les opinions racistes, la loi de 1972 a prévu la sanction des « incitations à la discrimination, à la haine ou à la violence en raison de l'origine, de l'appartenance ou non appartenance à une ethnie, une nation, une race ou une religion déterminée ». Ce délit de provocation est constitué dès lors qu'un individu exprime une opinion haineuse qui incite à la violence et au rejet voire à la négation d'autres hommes.

4 – Les atteintes à l'ordre public

a – L'article 23 de la loi de 1881 punit les auteurs de tous écrits qui auront directement ou non provoqué l'auteur ou les auteurs d'un crime ou d'un délit, à commettre une telle action. Ce délit de provocation directe est sanctionné de façon différente selon qu'elle a été ou non suivie d'effets.

La loi de 1881 prévoit également les hypothèses de provocation indirecte. Ainsi lorsqu'une publication présente une infraction grave comme un acte louable, méritoire ou licite, expose-t-elle son auteur à de lourdes sanctions pénales. Ce délit d'apologie est aisé à admettre en cas d'apologie de délit ou crime de droit commun mais susceptibles de nuances d'interprétation aux critères insaisissables. L'article 24 de la loi de 1881 sanctionne également les cris et chants séditieux proférés dans les lieux ou réunions publiques. Enfin un certain nombre de textes spéciaux répriment notamment les provocations aux crimes et délits commis par voie de presse et par tout moyen de communication (loi du 21 juin 2004).

Certaines provocations concernant la défense nationale ou les institutions de l'État sont soumises à des régimes plus sévères :

- l'incitation à la désobéissance des militaires (art. 25 loi 1881) ;
- la provocation à la désertion, la trahison, l'entreprise de démoralisation de l'armée, de même que l'incitation à commettre des actes contraires au devoir ou à la discipline ou la provocation à l'insoumission (art. L. 129 du Code du service national) sont réprimées par des textes spéciaux comme toutes les hypothèses de propagande séditieuse ou anarchiste (loi du 28 juillet 1894).

b – Un certain nombre de textes ont interdit de divulguer des informations, soit en raison de leur fausseté, soit parce qu'elles bénéficient dans l'intérêt public d'une protection spéciale.

L'article 27 de la loi de 1881 modifié, réprime d'une manière générale le délit de fausses nouvelles qui s'applique à toutes les formes d'information, dès la publication et la diffusion de nouvelles fausses et mensongères de nature à troubler la paix publique, lorsque l'auteur de la nouvelle est de mauvaise foi. Un certain nombre de textes spéciaux s'appliquent par ailleurs, ainsi l'article L. 97 du décret du 27 octobre 1964 punissant les fausses nouvelles de nature à détourner des suffrages ou à déterminer des abstentions en périodes électorales.

Les secrets de la défense nationale sont protégés par plusieurs textes dont les mesures les plus répressives s'appliquent en périodes exceptionnelles. De nombreux textes protègent également le secret judiciaire, au niveau de l'instruction, à l'égard des personnes qui « concourent » à la procédure de l'instruction. Quant aux journalistes qui connaîtraient des renseignements intéressant l'instruction, ils doivent les révéler sans pouvoir se retrancher derrière le secret professionnel. De même, les informations relatives aux constitutions de partie civile ne peuvent être publiées et les actes de procédure non plus. Par ailleurs, les informations relatives aux mineurs délinquants sont très strictement réglementées.

La loi interdit enfin les appareils de reproduction visuelle ou sonore dans les salles d'audience, même si quelques exceptions sont désormais possibles (procès historique par exmple).

c – Mais les plus grandes difficultés au regard des qualifications pénales et des incriminations peuvent être trouvées dans la répression des outrages aux bonnes mœurs. Cette infraction de droit commun est constituée, dès lors que, par tous moyens d'expression les bonnes mœurs sont outragées. Il semble ne s'agir en fait que des mœurs sexuelles dont l'évolution est telle que les tribunaux ne sanctionnent plus aujourd'hui que les formes les plus perverties et dégradantes, attentatoires à la dignité humaine.

d – Enfin, la loi protège les autorités publiques, les corps constitués et certaines personnes contre toutes offenses et outrages proférés contre eux. L'article 26 de la loi de 1881 sanctionne l'offense au Président de la république, dès lors qu'une imputation à son encontre peut porter atteinte à son honneur, sa considération ou sa délicatesse sans que l'*exceptio veritatis* puisse jamais être admise.

L'article 36 de la loi de 1881 réprime les offenses aux membres des gouvernements étrangers et l'article 37 les outrages commis « publiquement aux diplomates étrangers ».

La loi de 1881 protège encore les corps constitués, c'est-à-dire notamment, les cours et tribunaux, l'armée, les administrations, les établissements publics etc. Dans ces hypothèses, les actes susceptibles de poursuites sont les diffamations et les injures. L'auteur de l'infraction peut par conséquent rapporter la preuve de la vérité du fait diffamatoire. Une protection spéciale est encore instituée au profit des membres du ministère, des membres des assemblées, des fonctionnaires publics, des dépositaires ou agents de l'autorité publique, des citoyens chargés de services ou de mandats publics temporaires ou permanents, des jurés ou des témoins en raison de leur déposition. La protection s'exerce lorsqu'il existe un lien direct entre l'acte diffamatoire ou injurieux et l'imputation.

En toute hypothèse, la loi pénale sanctionne d'une manière plus générale tous les outrages à l'encontre des autorités publiques et assimilées en réprimant toute expression de mépris de nature à diminuer le respect des citoyens pour l'autorité morale du fonctionnaire et pour le caractère dont il est revêtu.

5 – Les atteintes à la vie privée

L'article 9 du Code civil, introduit par la loi du 17 juillet 1970, pose le principe essentiel selon lequel « chacun a droit au respect de sa vie privée ». Cette protection s'exerce sur le lieu où elle s'abrite : le domicile, ainsi que sur l'image, les paroles, les écrits, les confidences, tout ce qui touche à la vie intime de l'individu, sa personnalité.

Ce respect de la vie privée est parfois une limite à la liberté d'expression (protection contre les photographies, secret professionnel…) mais parfois aussi, un élément de la liberté d'expression, le droit au secret.

a – Le secret professionnel

Certaines personnes sont, en raison de l'exercice de leur profession, amenées à recueillir certains renseignements confidentiels de leurs clients ; aussi, le secret professionnel est-il indispensable pour que l'intimité de la vie privée des personnes soit respectée. La violation du secret professionnel est un délit prévu par l'article 226-13 du nouveau Code pénal. Mais il existe de nombreux cas dans lesquels des entorses sont apportées au principe du secret.

Selon l'ancien article 378 du Code pénal « les médecins, chirurgiens et autres officiers de santé ainsi que les pharmaciens, les sages-femmes et toutes autres personnes dépositaires, par état de profession ou par fonctions temporaires ou permanentes, des secrets qu'on leur confie, qui, hors les cas où la loi les oblige ou les autorise à se porter dénonciateurs, auront révélé ces secrets, seront punis d'un emprisonnement d'un à six mois et d'une amende de 500 F à 8 000 F ».

Les professions de la santé étaient les seules nommément visées par l'ancien Code pénal et la jurisprudence avait dû étendre le secret à beaucoup d'autres professions. Le nouvel article 226-13 est plus général et dispose que « la révélation d'une information à caractère secret par une personne qui en est dépositaire soit par état ou par profession, soit en raison d'une fonction ou d'une mission temporaire, est punie d'un an d'emprisonnement et de 15 000 euros d'amende ».

Beaucoup de personnes sont désormais soumises au secret professionnel. Les médecins mais aussi les travailleurs sociaux, les personnes participant à l'administration de la justice (art. 11, Code de procédure pénale), les fonctionnaires soumis à l'obligation de discrétion professionnelle, les experts-comptables, commissaires aux comptes, les ministres du culte, psychologues, avocats, avoués, huissiers, notaires, agents de change, courtiers… et même le PDG d'une société commerciale.

L'article 2006 du Code général des impôts pose le principe du secret professionnel des agents de l'administration fiscale.

La question de savoir si l'article 226-13 du nouveau Code pénal est applicable ou non aux journalistes, est très controversée. L'exercice de la profession suppose deux éléments contradictoires : le secret pour la recherche de l'information originale (le scoop) et la révélation publique de faits jusqu'alors inconnus.

En décidant que les directeurs de publication pouvaient être relevés du secret professionnel dans certains cas, l'article 10 de l'ordonnance du 26 août 1944 a implicitement admis que ceux-là étaient tenus à celui-ci. Il n'en demeure pas moins que le journaliste n'est pas ce « confident nécessaire » auquel la jurisprudence applique normalement le Code pénal : le recours au journaliste n'est pas, en effet, obligatoire ! Il ne nous semble pas normal, enfin, que soit invoqué le secret professionnel pour refuser de divulguer la cache d'un criminel notoire (Jacques Mesrine), interviewé dans des conditions rocambolesques par une journaliste. En effet, dans certains cas, le professionnel est contraint de lever le secret ou de se conformer à certaines obligations impliquant la révélation de faits confiés sous le secret : tantôt la loi lui impose de parler dans l'intérêt de la justice (obligation de déposer en qualité de témoin, article 109 CPP) ou dans l'intérêt de l'État (art. 1989 CGI).

En outre, l'article 226-13 n'est pas applicable :

1. à celui qui informe les autorités judiciaires, médicales ou administratives de privations ou de services y compris lorsqu'il s'agit d'atteintes sexuelles, dont il a eu connaissance et qui ont été infligées à un mineur ou à une personne qui n'est pas en mesure de se protéger en raison de son âge ou de son incapacité physique ou psychique ;
2. au médecin qui, avec l'accord de la victime, porte à la connaissance du Procureur de la République les services ou privations qu'il a constatés, sur le plan physique ou psychique, dans l'exercice de sa profession et qui lui permettent de présumer que des violences physiques, sexuelles ou psychiques de toute nature ont été commises. Lorsque la victime est mineure, son accord n'est pas nécessaire ;
3. aux professionnels de la santé ou de l'action sociale qui informent le préfet et, à Paris le préfet de police, du caractère dangereux pour elles-mêmes ou pour autrui des personnes qui les consultent et dont ils savent qu'elles détiennent une arme ou qu'elles ont manifesté leur intention d'en acquérir une.

b – Le secret de l'intimité

L'article 226-1 du nouveau Code pénal punit d'un an d'emprisonnement et de 45 000 euros d'amende le fait, au moyen d'un procédé quelconque, volontairement de porter atteinte à l'intimité de la vie privée d'autrui :

1. en captant, enregistrant ou transmettant, sans le consentement de leur auteur, des paroles prononcées à titre privé ou confidentiel ;
2. en fixant, enregistrant ou transmettant, sans le consentement de celle-ci, l'image d'une personne se trouvant dans un lieu privé. Lorsque les actes mentionnés au présent article ont été accomplis au vu et au su des intéressés sans qu'ils s'y soient opposés, alors qu'ils étaient en mesure de le faire, le consentement de ceux-ci est présumé.

La notion la plus délicate à cerner est celle de lieu privé. Une cabine téléphonique n'est pas obligatoirement un lieu privé. Au contraire, un bureau est un lieu privé, de même que le pont d'un navire au large.

Les dispositions du Code pénal sont applicables aux écoutes effectuées par des agents de l'administration. Cependant, lorsque l'écoute est réalisée par des services de police, sur commission d'un juge d'instruction, elle échappe à l'article 226-1. Le Juge d'Instruction tient de l'article 81 du Code de procédure pénale, le pouvoir de procéder à tous actes d'information qu'il juge utiles à la manifestation de la vérité ; un « tel pouvoir a pour but, dans le respect des droits de la défense, d'assurer la sauvegarde de la sûreté publique, la défense de l'ordre, la prévention des infractions et leur répression ; ce pouvoir d'ingérence dans la vie privée ainsi accordé au magistrat instructeur, concerne tout aussi bien la saisie de correspondances ou de documents que la saisie de conversations par écoutes téléphoniques ». Toutefois, ensuite de plusieurs décisions de la Cour européenne des droits de l'homme et notamment celles condamnant la France pour le non-respect de la Convention européenne, le législateur est intervenu pour restaurer la nécessaire base légale en matière d'interception des correspondances. La loi du 10 juillet 1991 limite les interceptions judiciaires aux infractions poursuivies punissables de deux ans d'emprisonnement au moins. Par ailleurs, elle autorise, à titre exceptionnel, le Premier ministre à organiser des écoutes de sécurité pour « rechercher des renseignements intéressant la sécurité nationale, la sauvegarde des éléments essentiels du potentiel scientifique et économique de la France, ou la prévention du terrorisme, de la criminalité et de la délinquance organisées et de la reconstitution ou du maintien de groupement dissous en application de la loi du 10 janvier 1936 sur les groupes de combat et les milices privées ». La décision motivée du Premier ministre est transmise dans les quarante-huit heures au président de la Commission nationale de contrôle des interceptions de sécurité, autorité administrative indépendante spécialement créée pour veiller au respect de la loi et qui dispose d'un pouvoir de recommandation mais aussi de saisine du procureur de la république en cas d'infraction. Enfin et peut-être surtout, la Commission rédige un rapport annuel qui est rendu public.

Enfin l'article 226-8 du nouveau Code pénal punit « d'un an d'emprisonnement et de 15 000 euros d'amende le fait de publier, par quelque voie que ce soit, le montage réalisé avec les paroles ou l'image d'une personne sans son consentement, s'il n'apparaît pas à l'évidence qu'il s'agit d'un montage ou s'il n'en est pas expressément fait mention ».

2

LA PROTECTION PATRIMONIALE DE L'EXPRESSION

L'émetteur d'un message, d'une information ou d'une communication souhaite la protection juridique de celles-ci. Pour cela, l'information doit entrer dans son patrimoine. En adoptant une conception extensive de la notion d'expression, d'information et de communication, il est possible de soutenir que du moment que l'information ou l'expression détient une valeur, elle entre dans le patrimoine de la personne titulaire. L'information, chose incorporelle, assimilée parfois à un bien, constitue une valeur patrimoniale digne de protection. L'émetteur d'information possède alors un droit subjectif patrimonial. Il détient un « droit réel » sur la chose, le plus souvent incorporel, et un « droit personnel ». Partant, la protection patrimoniale de l'expression ou du message est assurée par le droit de propriété. Les droits d'auteurs et droits voisins remplissent cette fonction. L'expression ou message fait partie du patrimoine d'une personne physique, et c'est en cela que le droit de la propriété littéraire et artiste assure une protection spécifique (I).

L'émetteur de l'information est aussi responsable de celle-ci. L'organisation de la responsabilité de l'émetteur de l'expression, de l'information se réalise, dans des contrats découlant souvent des droits d'auteurs et droits voisins, ou en dehors du contrat (II). Dans ce dernier cas, si la personne physique ou morale ne peut obtenir la protection issue du droit de la propriété littéraire et artistique, elle peut se référer au droit commun de la responsabilité civile ou de sa branche particulière, l'action en concurrence déloyale.

I – Les droits d'auteurs et droits voisins

Le Code de la propriété intellectuelle organise la protection juridique de l'expression, de l'information ou du message de son émetteur. Les principes de la protection juridique de l'expression et son régime de protection seront envisagés successivement.

A – Les principes de protection de l'expression

Les conditions de protection de l'expression (1), encadrées par le Code de la propriété littéraire et artistique qui se distingue du copyright (4), exigent la création d'une œuvre (2) du fait d'un auteur (3).

1 – Les conditions de protection de l'expression

a – Le droit de propriété classique

Le droit de propriété classique protège le propriétaire d'une information, d'autant que celle-ci est considérée comme un bien. En vertu de l'article 544 du Code civil, tout propriétaire a le droit le plus absolu d'interdire la reproduction à des fins commerciales de ses biens et ce droit n'a d'autre limite que l'abus. Cet article 544 du Code civil est invoqué par le propriétaire pour protéger l'image de son bien (meuble ou immeuble) assimilé à une information. Une photographie par exemple, image d'un bien, communiquée au public lors d'une publicité, ne doit pas occasionner un « trouble de jouissance anormal » à son propriétaire. La photographie, diffusée sans l'accord du propriétaire, peut causer un trouble anormal au « droit de jouissance » de celui-ci, et justifier une demande en réparation devant le juge compétent.

b – Le droit de la propriété intellectuelle

Le droit de la propriété intellectuelle protège particulièrement une personne qui publie, émet une expression, information, ou communication. Lorsque cette publication est qualifiée « d'œuvre de l'esprit », alors ladite personne « jouit sur cette œuvre, du seul fait de sa création, d'un droit de propriété incorporel exclusif et opposable à tous », selon les termes de l'article L. 111-1 du Code de la propriété intellectuelle (CPI). À la différence du droit des marques et droit des brevets, le titulaire du droit n'a pas l'obligation de déposer légalement son œuvre pour qu'elle soit protégée. Aucune formalité ne s'impose au titulaire. La publication d'une œuvre de l'information et de la communication relève du régime des droits d'auteurs.

Deux conditions doivent être réunies pour que le Code de la propriété littéraire et artistique (CPI) s'applique, il faut :

2 – La création d'une œuvre…

a – La création

L'œuvre est le produit d'une création. Il y a création lorsque l'information créée constitue un apport intellectuel, une valeur ajoutée par rapport à ce qui existe déjà. L'œuvre créée relève des droits d'auteurs. L'apport intellectuel caractérise bien la création qui doit conférer une certaine originalité à l'œuvre. De plus, cette création originale doit être formalisée. En effet, « une simple idée ne saurait être susceptible d'appropriation et seule peut être protégée la forme dans laquelle elle s'exprime ». L'expression, l'information doit prendre une forme précise à travers un article, un script par exemple. L'idée, non formalisée ou matérialisée avec imprécision, n'est donc pas protégeable.

b – D'une œuvre

La définition de l'œuvre est très large et permet de protéger divers types d'expression de l'information, qui vont de l'article de presse, à la publicité, en passant par les émissions de radio et de télévision, ou encore, à la création d'un son, d'une image ou d'une œuvre multimédia. Le support de l'œuvre importe peu.

3 – … du fait d'un auteur

a – L'auteur est une personne physique

L'auteur est la personne physique qui réalise la création intellectuelle de l'œuvre. La personne morale ne peut se voir conférer la qualité d'auteur. La personne morale peut en revanche exploiter l'œuvre dès qu'elle s'est vue céder l'œuvre.

L'article L. 113-1 du CPI dispose que « la qualité d'auteur appartient, sauf preuve contraire, à celui ou ceux sous le nom de qui l'œuvre est divulguée ».

La détermination de l'auteur se complique lorsqu'il existe des co-auteurs de l'œuvre. Le Code de la propriété intellectuelle donne des solutions à travers les règles relatives à l'œuvre de collaboration et à l'œuvre audiovisuelle.

En cas d'œuvre de collaboration, il appartient au co-auteur de démontrer sa qualité, lorsque l'œuvre a déjà été divulguée.

En matière d'œuvre audiovisuelle, l'article L. 113-7 du CPI prévoit qu'« ont la qualité d'auteur d'une œuvre audiovisuelle la ou les personnes physiques qui réalisent la création intellectuelle de cette œuvre ».

Sont présumés co-auteurs d'une œuvre audiovisuelle réalisée en collaboration :

– l'auteur du scénario ;

– l'auteur d'une adaptation ;

– l'auteur du texte parlé ;

– l'auteur des compositions musicales ;
– le réalisateur.

En somme, la présomption de la « qualité d'auteur » est organisée par le Code de la propriété intellectuelle, jusqu'à preuve contraire.

b – La qualité d'auteur à raison des contrats de mariage et de travail

Même marié, la qualité d'auteur reste propre à l'époux auteur. Le conjoint ne peut revendiquer les droits du vivant de l'auteur. Cependant, la cession des droits d'exploitation de l'œuvre est soumise au régime matrimonial applicable. Si les époux dépendent du régime de « la Communauté », les droits ou redevances perçus entrent dans la communauté.

Il en est de même pour l'auteur salarié qui, malgré son lien de subordination, est titulaire des droits d'auteur. Toute stipulation contractuelle qui chercherait à récupérer les droits d'auteurs du salarié est nulle.

4 – Les droits d'auteurs, le copyright et le droit des marques

a – Les droits d'auteurs et le copyright

La législation relative aux droits d'auteurs, qui protège l'auteur de l'œuvre, se retrouve dans la plupart des pays européens de tradition romano-germanique (France, Allemagne, Espagne, Grèce, Russie...). Le copyright protège davantage l'investisseur ou l'exploitant. On retrouve cette législation dans la plupart des pays anglo-saxons de « Common Law » (États-Unis, Canada, Australie, Grande-Bretagne...).

Avec le copyright, une personne morale peut être investie des droits d'auteurs. Le droit moral de l'auteur est réduit. La liberté contractuelle est totale dans les pays de copyright alors que les contrats d'auteurs sont davantage encadrés dans les pays de droits d'auteurs.

Ces deux systèmes de réglementation apparaissent parfois plus contradictoires dans l'esprit que dans le fond du droit. En effet, comme on le verra, la qualification en France « d'œuvre collective » permet à l'exploitant ou promoteur de l'œuvre d'en devenir propriétaire. En cela, la qualification et le régime de l'œuvre collective se rapprochent de celui du copyright.

b – Le droit des marques

L'expression n'est pas seulement encadrée par les droits d'auteurs et voisins, le droit des marques est susceptible de limiter l'utilisation d'une marque nominale enregistrée. En effet les articles L. 711-1, L. 713-1 et suivants du Code de la propriété intellectuelle confèrent une protection à la marque enregistrée à l'Institut national de la propriété intellectuelle (INPI) sur tout le territoire national, voire international. Le titulaire, propriétaire de la marque, peut s'opposer à toute utilisation, reproduction, imitation de celle-ci sans son autorisation, et faire cesser cette atteinte devant le juge. Ainsi, l'utilisation du personnage de « Bibendum » dans une campagne publicitaire sans autorisation de la société Michelin, ou l'identification sur Internet sous le nom d'une société connue, constitue une contrefaçon de marque.

B – Le régime de protection et de gestion de l'expression

La protection des œuvres de la communication et de l'information, au sens du Code de la propriété intellectuelle, exige une qualification juridique préalable de celles-ci. De nombreux types d'œuvres sont protégeables (1). La protection juridique accordée à l'émetteur de l'information ou de la communication lui confère des droits substantiels (2). Ces droits sont gérés le plus souvent de façon collective (3).

1 – La qualification et les types d'œuvres de la communication et de l'information

La qualification de l'œuvre permet de la classer dans un type ou une catégorie protégeable.

a – La qualification de l'œuvre

La qualification de l'œuvre créée permet de déterminer le régime qui lui est applicable. Le Code de la propriété intellectuelle fixe un régime juridique commun qui s'applique à de nombreux types d'œuvres. Il fixe encore des régimes spéciaux pour l'œuvre audiovisuelle, les logiciels et les bases de données. Enfin, il crée un régime spécifique pour les œuvres collectives, les œuvres de collaboration et les œuvres dérivées. Parfois ces régimes sont inconciliables les uns par rapport aux autres. C'est dire l'importance de bien qualifier l'œuvre, qualification dont découle le régime juridique. En cas de litige, c'est le juge qui qualifie l'œuvre et détermine le régime applicable.

b – Les types d'œuvres protégées

De façon générale, l'article L. 112-2 du CPI énumère, dans une longue liste, les œuvres de l'esprit relevant des droits d'auteurs. Cette liste n'est pas exhaustive car l'article L. 112-1 du CPI protège « les droits des auteurs sur toutes les œuvres de l'esprit, quel qu'en soit le genre, la forme d'expression, le mérite ou la destination ». Les titres originaux des œuvres sont même protégeables comme le prévoit l'article L. 112-4 du même code. Les œuvres protégées par les droits d'auteurs, sont les suivantes :

- ***Œuvres littéraires, journalistiques et scientifiques.*** Le Code de la propriété intellectuelle vise les livres, les brochures, les écrits littéraires auxquels on peut ajouter les écrits journalistiques, les cours écrits des enseignants et les écrits scientifiques.
- ***Œuvres musicales.*** Ces œuvres vont de la composition musicale classique à l'illustration sonore (jingle d'une émission ; musique de publicité...), en passant par les partitions musicales.

• *Œuvres artistiques.* Elles comprennent un dessin, un personnage, une photographie, une sculpture, une image de synthèse, certaines œuvres d'architecture et cartes géographiques.

À côté de ces trois grands types d'œuvres protégeables, il est important de relever la particularité de certaines œuvres.

• *Œuvres publicitaires.* L'originalité des slogans publicitaires, affiches, logos, photographies publicitaires, catalogues publicitaires... est protégeable. La frontière entre la simple idée publicitaire et l'originalité du slogan qui devient protégeable est mince. Le slogan doit porter l'empreinte de la personnalité de son auteur et la formule ne doit venir naturellement à l'esprit.

• *Œuvres de l'audiovisuel.* L'article L. 112-2 6e alinéa du CPI définit les œuvres audiovisuelles comme « les œuvres cinématographiques et autres œuvres consistant dans des séquences animées d'images, sonorisées ou non ». Les œuvres cinématographiques, de télévision et photographiques sont protégées par la loi du 3 juillet 1985.

• *Œuvres de l'informatique.* L'article L. 112-3 du CPI protège les auteurs de données diverses, comme les bases de données, qui par le choix ou la disposition des matières, constituent des créations intellectuelles. Il entend comme base de données « un recueil d'œuvres, de données ou d'autres éléments indépendants, disposés de manière systématique ou méthodique, et individuellement accessibles par des moyens électroniques ou par tout autre moyen ». Initiés à la fois par la loi du 3 juillet 1985 et la directive communautaire du 13 mai 1991 transposée par la loi du 10 mai 1994, les droits d'auteurs viennent protéger les créateurs de logiciels.

• *Œuvres multimédia.* La qualification en tant que catégorie d'œuvre particulière d'œuvre de l'esprit se discute. Nous aborderons spécifiquement ces œuvres dans la deuxième partie. Nonobstant, les jeux vidéo, les sites Web, CD-Rom, en tant qu'œuvres du multimédia relèvent de la protection des droits d'auteurs et droits voisins. L'interactivité pourrait être le critère juridique de qualification d'une œuvre relevant « d'un croisement de genres particulier ».

• *Œuvres complexes, de collaboration et collectives.* Lorsque plusieurs auteurs réalisent l'une de ces œuvres ou sont à l'origine de l'œuvre créée, alors celle-ci fait l'objet d'une qualification et d'un juridique spécifique. Ce sont les œuvres complexes (dérivées et composites) qui dépendent d'une œuvre antérieure, les œuvres de collaboration auxquelles ont concouru plusieurs personnes physiques, et les œuvres collectives commercialisées et divulguées à l'initiative d'une personne qui n'est pas le créateur.

2 – Les droits d'auteurs invocables

Les droits patrimoniaux, inhérents aux droits d'auteurs et droits voisins, sont organisés par le Code de la propriété intellectuelle et harmonisés dans les

États membres de la Communauté européenne par une directive du 22 mai 2001. Le droit moral de l'auteur sur l'œuvre, les délits de contrefaçon relèvent essentiellement du Code de la propriété intellectuelle.

a – Les droits patrimoniaux des droits d'auteurs

Il existe des règles communes et spécifiques à chaque droit patrimonial, qui connaissent des exceptions à leur exclusivité ou monopole. Les copies techniques constituent un exemple particulier de dérogation au caractère exclusif du droit patrimonial.

- **Les règles communes aux droits patrimoniaux**

Issus du droit de propriété, les droits patrimoniaux de l'auteur sur l'œuvre, sont exclusifs. L'auteur a un monopole sur la reproduction, la représentation de son œuvre, on préférera le terme « exclusivité » à celui de monopole. Certes ces droits d'exploitation de l'œuvre, comprenant sa reproduction et sa représentation, sont cessibles. Aussi, sans le consentement de l'auteur, toute exploitation de l'œuvre est interdite, comme l'indique l'article L. 122-4 du CPI.

Selon l'article L. 123-1 du CPI « l'auteur jouit, sa vie durant, du droit exclusif d'exploiter son œuvre sous quelque forme que ce soit et d'en tirer un profit pécuniaire. Au décès de l'auteur, ce droit persiste au bénéfice des ayant-droits pendant l'année civile en cours et les soixante-dix années qui suivent ». Cette protection *post mortem* des droits exclusifs pendant soixante-dix ans s'applique à tous les pays membres de l'Union européenne depuis une directive du 29 octobre 1993.

Pour les œuvres audiovisuelles, l'article L. 123-2 précise que « l'année civile à prendre en considération est celle de la mort du dernier vivant des collaborateurs suivant : l'auteur du scénario, l'auteur du texte parlé, l'auteur des compositions musicales… le réalisateur principal ».

- **Les règles spécifiques à chaque droit patrimonial**

– ***Droit de reproduction*** : Aux termes de l'article L. 122-3 du CPI, « la reproduction consiste dans la fixation matérielle de l'œuvre par tous procédés qui permettent de la communiquer au public d'une manière indirecte ». Le support de reproduction peut être matériel, un film, le téléchargement sur Internet de l'œuvre dans un ordinateur. La numérisation de l'œuvre est assimilée à une fixation, même si elle peut apparaître immatérielle. L'œuvre doit ensuite être communiquée au public. Internet permet cette communication et n'échappe pas au droit exclusif que possède l'auteur sur son œuvre. L'auteur contrôle la reproduction de l'œuvre, sa destination, son exportation éventuelle.

– ***Droit de représentation*** : Selon l'article L. 122-2 du CPI, « la représentation consiste dans la communication de l'œuvre au public par un procédé quelconque ». La télédiffusion en général (voie hertzienne, câble, satellite, télématique) et Internet en particulier constituent les procédés de diffusion au public dans le domaine des médias. L'auteur, qui a communiqué au public son œuvre, possède le droit de percevoir une ou plusieurs redevances.

– ***Droit de distribution*** : Corollaire du droit de reproduction et de représentation, le droit communautaire, ajoute au droit de reproduction et de communication (représentation), le droit de distribution qui est « le droit exclusif d'autoriser ou d'interdire toute forme de distribution au public, par vente ou autrement, de l'original de leurs œuvres ou de copies de celles-ci ». De plus le droit communautaire, afin de favoriser la libre circulation des marchandises et l'achèvement du marché intérieur, interdit au titulaire d'un droit de propriété intellectuelle d'invoquer sa législation nationale pour s'opposer à l'importation d'un produit qui a été écoulé sur le marché d'un autre État membre. Il s'agit de la théorie de l'épuisement des droits (théorie transposée à l'art. L. 131-9 du CPI). Cette théorie limite la portée des droits exclusifs du titulaire dans les échanges intracommunautaires. Au moment de la première mise en circulation du produit ou du service sur le marché, le titulaire du droit ne peut plus s'opposer à l'importation ou la commercialisation de celui-ci dans un autre État membre. Les échanges intracommunautaires en sont dynamisés, mais le droit exclusif de distribution d'un produit ou service s'en trouve limité.

– ***Droit de suite*** : L'article L. 122-8, alinéa 1er du CPI dispose que « les auteurs d'œuvres graphiques et plastiques ont nonobstant toute cession de l'œuvre originale, un droit inaliénable de participation au produit de toute vente de cette œuvre faite aux enchères publiques ou par l'intermédiaire d'un commerçant ». Une directive du 27 septembre 2001 va dans le même sens. Lors de ventes successives, l'auteur ou ses héritiers vont pouvoir percevoir 3 % du prix de vente de l'œuvre. La directive communautaire fixe les droits par tranche : 4 % pour la tranche de 50 000 euros de prix de vente ; 3 % pour la tranche de 50 000 à 200 000 et ainsi de suite. Cette directive déroge au Code de la propriété intellectuelle qui devra être modifié avant le 1er janvier 2006. Pour bénéficier de ce droit de suite, l'auteur et ses héritiers doivent faire une déclaration à l'officier public qui sera publiée au journal officiel avec copie au ministère de la culture. Les œuvres protégées par ce droit de suite sont les tableaux, les collages, les peintures, les gravures, les estampes, les lithographies, les sculptures, les tapisseries, les céramiques, les verreries et les photographies.

– ***Droit à une rémunération juste et équitable*** : L'auteur a droit de participer au succès de son œuvre, directement s'il l'exploite, et par une rémunération, soit proportionnelle, soit au forfait, s'il cède ses droits à un exploitant. La rémunération proportionnelle reste le principe. Dans ce cas, l'auteur participe proportionnellement aux recettes provenant de la vente ou de l'exploitation. Cependant l'exploitant cessionnaire se doit d'exploiter l'œuvre correctement car dans le cas contraire la rémunération de l'auteur peut s'avérer limitée. En outre, le taux de rémunération ou assiette ne peut être vil. Il dépend de l'œuvre exploitée et du domaine d'exploitation. Le juge saisi pourra apprécier le caractère dérisoire du taux de rémunération et annuler la clause litigieuse, voire prononcer la résiliation ou annulation du contrat. L'allocation de dommages-intérêts est susceptible de compenser les droits non perçus pendant l'exploitation de l'œuvre. Comme nullité relative, l'action se prescrit par cinq ans.

La rémunération peut encore se faire au forfait, elle est alors détachée des bénéfices découlant de l'exploitation de l'œuvre. L'article L. 131-4 du CPI énumère les cas où le forfait est possible. C'est le cas lorsque la base de calcul de la participation proportionnelle ne peut être pratiquement déterminée ; lorsque les moyens de contrôler l'application de la participation font défaut ; lorsque les frais des opérations de calcul et de contrôle seraient hors de proportion avec les résultats à atteindre ; lorsque la nature ou les conditions de l'exploitation rendent impossible l'application de la rémunération proportionnelle ; lorsqu'il y a cession des droits portant sur un logiciel ; lorsque le présent code prévoit d'autres cas, comme par exemple la cession du droit d'auteur à l'étranger.

- **Les exceptions aux droits exclusifs patrimoniaux**

L'article L. 122-5 du CPI énumère les exceptions à l'exercice des droits patrimoniaux (reproduction et représentation) du titulaire de l'auteur. L'intérêt public prime sur les droits patrimoniaux de l'auteur. Ces exceptions sont les suivantes :

- Les citations. L'article L. 122-5, 3° du CPI dispose que lorsque l'œuvre a été divulguée, l'auteur ne peut interdire, sous réserve que soient indiqués clairement le nom de l'auteur et la source, les analyses et courtes citations justifiées par le caractère critique, polémique et pédagogique, scientifique et d'information de l'œuvre à laquelle elles sont incorporées. Le recours à la citation dans une œuvre est donc licite à la condition d'être courte et d'avoir pour finalité d'illustrer une démonstration ou une information. De courtes citations peuvent apparaître dans des bases de données. Une œuvre peut encore être citée dans une autre œuvre, ainsi une courte citation de film dans une œuvre audiovisuelle est possible.
- L'analyse de l'œuvre est licite. Il s'agit de l'étude et de la décomposition de l'œuvre.
- Les revues de presse sont licites s'il s'agit d'une comparaison entre plusieurs articles concernant un même thème ou évènement pouvant donner lieu à commentaire ou polémique.
- Les parodies, pastiches et caricatures sont licites, à condition que l'auteur de ceux-ci n'ait pas une intention de nuire, et poursuive un effet comique.
- Les copies privées sont licites si elles sont réalisées à l'usage privé du copiste. Elles ne doivent pas être à usage collectif. En compensation de

ces copies privées, l'article L. 311-1 du CPI prévoit que les auteurs des œuvres fixés sur phonogrammes ou vidéogrammes, ainsi que les producteurs, ont droit à une rémunération au titre de la reproduction desdites œuvres. Cette rémunération est également due aux auteurs et éditeurs des œuvres fixées sur tout autre support et sur support d'enregistrement numérique. Il s'agit de véritables licences légales. Les sociétés de gestion des droits perçoivent la rémunération par le biais du sondage qui détermine les programmes de radio ou de télévision ayant fait l'objet de reproduction privée.

- Les représentations privées et gratuites effectuées exclusivement dans un cercle de famille sont licites.
- Les mesures techniques. La directive du 22 mai 2001 relative aux droits d'auteurs et droits voisins, transposant le traité de l'OMPI de 1996, laisse aux États la possibilité de prévoir des exceptions supplémentaires au droit de reproduction. Sur les nombreuses exceptions énumérées à l'article 5 de la directive, le législateur français transpose, dans sa loi du 21 mars 2006, les mesures techniques et prévoit des sanctions en cas de contournement de ces mesures. Les mesures techniques se définissent comme toute technologie, dispositif ou composant qui, dans le cadre normal de son fonctionnement, est destiné à empêcher ou à limiter les actes non autorisés par le titulaire d'un droit d'auteur, d'un droit voisin autre qu'un logiciel, un phonogramme, un vidéogramme. Tout contournement « technique » à une mesure technique est sanctionné assez sévèrement par les articles L. 335-1 et suivant du Code de la propriété intellectuelle.
- Les limites à l'application de ces exceptions. L'article 9 de la Convention de Berne et l'article 5.5 de la directive du 22 mai 2001 mettent en place le triple test, signifiant que les exceptions au droit exclusif de reproduction ne sont applicables que dans certains cas spéciaux qui ne portent pas atteinte à l'exploitation normale de l'œuvre ou autre protégé ni ne causent un préjudice injustifié aux intérêts légitimes du titulaire du droit. Il s'agit ici d'une exception à l'exception. Ces articles posent les limites de l'exception au droit exclusif de reproduction de l'œuvre accordé à l'auteur.

- **Le cas particulier des copies techniques**

Les copies techniques peuvent échapper au droit de reproduction. L'article 13 de la directive communautaire du 8 juin 2000 sur le commerce électronique indique que le droit exclusif de reproduction doit faire l'objet d'une exception destinée à autoriser certains actes de reproduction provisoires, qui sont transitoires et accessoires et qui font partie d'un processus technique dans le seul but de permettre une transmission efficace dans un réseau entre tiers par un intermédiaire. L'intermédiaire stocke sur un support rapide certains fichiers, on parle de « catching ».

L'article 5 de la directive du 22 mai 2001 sur les droits d'auteurs, transposé à l'article L. 122-5 du Code de la propriété intellectuelle, va dans le même sens. La Commission européenne donnait un exemple pour justifier cette exception au droit de reproduction : « la transmission d'une vidéo à la demande extraite d'une base de donnée située en Allemagne à un ordinateur domestique au Portugal est une opération qui nécessite tout d'abord la réalisation d'une copie là où se trouve la base de données, puis, en moyenne, au moins une centaine d'actes généralement éphémères de mémorisation entre l'Allemagne et le Portugal. Si la situation juridique différait d'un État à l'autre et que certains d'entre eux subordonnaient à autorisation ces actes de mémorisation accessoires, cela risquerait fort d'entraver la libre circulation des œuvres et des services, notamment des services en lignes incorporant un objet protégé ».

En conséquence, la directive autorise le stockage automatique ou la copie temporaire par un intermédiaire d'informations à transmettre sur un réseau de communication dans le seul but de rendre plus efficace la transmission ultérieure. L'intermédiaire échappe alors au paiement de droits de représentation, mais, en tant que prestataire de service, il ne doit pas, modifier l'information, entraver l'utilisation licite de la technologie et doit retirer l'information qu'il a stockée ou rendre son accès impossible dès qu'il a connaissance qu'elle a été retirée du réseau.

Le législateur transpose (art. L. 122-5 du CPI), cette exception au droit d'auteur en faveur des copies techniques effectuées lors des transmissions de contenus sur les réseaux numériques. Ce texte limite la portée de l'exception au droit d'auteur en précisant que la reproduction provisoire, qui ne peut porter sur des logiciels et bases de données, ne doit pas avoir de valeur économique propre. Les titulaires de droits d'auteurs possèdent ainsi une exception à l'exception.

b – Le droit moral

- **Les caractères du droit moral**

Le créateur de l'œuvre se voit reconnaître un droit attaché à sa personne. Ce droit de la personnalité de l'auteur, lié à son œuvre, a un caractère extrapatrimonial, c'est un droit moral. Le nom, la qualité de l'auteur et de son œuvre sont des attributs de la personnalité du créateur. Selon l'article L. 121-1 du CPI, l'auteur jouit du droit au respect de son nom, de sa qualité et de son œuvre. L'article L. 121-1 du CPI précise que ce droit est « perpétuel, inaliénable et imprescriptible ». Perpétuel signifie qu'il survit à l'auteur. Inaliénable signifie que ce droit est « hors commerce ». Imprescriptible signifie que ce droit peut être invoqué à l'expiration des 30 ans du délai de prescription après la création de l'œuvre même si l'auteur n'en a pas fait usage durant cette période. Il en est de même lorsque l'œuvre est tombée dans le domaine public et que les droits patrimoniaux sont éteints soixante-dix ans après la mort de l'auteur.

- **Les attributs du droit moral**

– ***Droit de divulgation*** : L'article L. 121-2 du CPI dispose que « l'auteur a seul droit de divulguer son œuvre ». La divulgation au public de l'œuvre n'est pas une obligation, l'auteur peut ne jamais divulguer son œuvre. De plus, si un tiers en avait connaissance ou si la divulgation dépasse les limites fixées par l'auteur, celui-ci peut s'opposer à la livraison ou à l'exploitation de l'œuvre. Tant que l'œuvre n'est pas divulguée, elle est insaisissable dans le patrimoine de l'auteur. Elle ne peut, par exemple, compenser une dette de l'auteur ou faire l'objet d'une saisie.
La divulgation de l'œuvre se fait le plus souvent dans un contrat d'exploitation de l'œuvre. Cependant, le fait de révéler l'existence de l'œuvre ne vaut pas forcément divulgation. Le juge peut être amené à apprécier, au cas par cas, si l'auteur a bien divulgué son œuvre.

– ***Droit de repentir ou de retrait*** : L'article L. 121-4 du CPI dispose que « nonobstant la cession de son droit d'exploitation, l'auteur même postérieurement à la publication de son œuvre, jouit d'un droit de repentir ou de retrait vis-à-vis du cessionnaire ». L'auteur, qui a des remords d'avoir cédé ses droits patrimoniaux sur son œuvre dans le cadre d'un contrat d'exploitation, peut revenir sur son consentement. Cependant, l'auteur doit indemniser le cessionnaire ou l'exploitant du préjudice qu'il lui a causé. L'auteur ne s'en trouve par pour autant libre de céder à nouveau son œuvre, puisque le même article du Code de la propriété intellectuelle l'oblige à « offrir par priorité ses droits d'exploitation au cessionnaire qu'il avait originairement choisi ». Ce droit de repentir n'est donc pas sans conditions.

– ***Droit à la paternité de l'œuvre*** : L'article L. 121-1 du CPI dispose que « l'auteur jouit du droit au respect de son nom, de sa qualité... » L'auteur peut donc imposer la mention de son nom sur l'œuvre et ses supports, ainsi que les qualités de l'auteur (titres ; fonctions...), à moins qu'il ne préfère rester dans l'ombre ou utiliser un pseudonyme. Il contrôle l'utilisation des noms, titres et qualités sur l'œuvre ou sur des copies de l'œuvre.

– ***Droit à l'intégrité de l'œuvre*** : L'article L. 121-1 indique que l'auteur à droit au respect de son œuvre. L'œuvre ne doit pas être dénaturée. Dans le domaine des médias, cette dénaturation ou modification peut apparaître lors de la diffusion de l'œuvre au public. Aussi, l'article L. 132-22 du CPI précise que « l'entrepreneur de spectacle doit assurer la représentation dans des conditions techniques propres à garantir le respect des droits intellectuels et moraux de l'auteur ». Par exemple, la colorisation d'un film en noir et blanc, sans l'autorisation de son auteur ou de ses ayant-droits, est considérée comme une atteinte au respect de l'œuvre de l'auteur. C'est dire que l'exploitant de l'œuvre a tout intérêt à obtenir l'accord de l'auteur sur le choix des couleurs applicables à l'œuvre afin que la diffusion de celle-ci colorisée n'altère point son contenu ou ne modifie pas sa substance. La chaîne de télévision « La cinq » n'a donc pu diffuser le film de John Huston colorisé *The Asphalt Jungle* (*Quand la ville dort*), la Cour d'appel estimant que la colorisation contre la volonté de l'auteur constitue une atteinte au droit moral relatif au respect de l'intégrité de l'œuvre.

- **Le droit moral et l'œuvre audiovisuelle**

Le droit de la propriété intellectuelle aménage un régime spécifique du droit moral pour l'œuvre audiovisuelle eu égard de la pluralité d'auteurs. L'aménagement du droit moral évite qu'un des coauteurs puisse bloquer la diffusion de l'œuvre audiovisuelle. Ainsi, l'article L. 121-5 du CPI dispose que « les droits propres des coauteurs... ne peuvent être exercés par eux que sur l'œuvre audiovisuelle achevée ». En matière de cinéma, l'œuvre est réputée achevée lorsque le réalisateur donne son accord sur sa version définitive. C'est à partir de l'achèvement de l'œuvre que les coauteurs peuvent invoquer leur droit moral sur celle-ci.

De plus, conformément à l'article L. 121-5 du CPI, le réalisateur, voire les coauteurs pourront contester la modification (par le producteur), de la version définitive, qui doit être conservée. Ainsi, même déplacé dans le temps, le droit moral d'un auteur peut s'exercer. Ceci s'applique même sur l'œuvre dite « adaptée ». L'auteur ou ses ayant-droits pourront contester la dénaturation de l'œuvre. Par exemple, une œuvre musicale classique « adaptée » à une œuvre cinématographique peut connaître des remaniements (coupures, baisse de volumes...). Ces remaniements constituent une dénaturation de l'œuvre s'ils portent atteinte à l'esprit et à des éléments fondamentaux de cette dernière.

- **Le droit moral après la mort de l'auteur**

Après la mort de l'auteur, le droit d'auteur (droit moral) est transmissible aux héritiers de l'auteur (descendants, conjoint survivant, cousins...). Le droit moral est perpétuel. La Cour de cassation affirme que « le droit de l'auteur au respect de son nom, de sa qualité, et de son œuvre est transmissible à cause de mort à ses héritiers selon les règles ordinaires de la dévolution successorale ». Cependant, le droit de divulgation (comme le droit de retrait ou de repentir) connaît un régime spécifique puisqu'il peut être transféré à un tiers en vertu de dispositions testamentaires. On comprend que la divulgation étant une étape délicate aux yeux de l'auteur, celui-ci puisse transférer ce droit à une personne de confiance, physique ou morale (association ; fondation...).

c – Les délits de contrefaçon

- **L'élément matériel et moral du délit de contrefaçon**

L'article L. 335-3 du CPI dispose que toute reproduction, représentation ou diffusion, par quelque moyen que ce soit, d'une œuvre de l'esprit, en violation des droits de l'auteur, constitue un délit de contrefaçon. La peine maximale prévue est de deux ans d'emprisonnement et 152 000 euros d'amende. La contrefaçon constitue une violation tant des droits patrimoniaux que du droit moral de l'auteur.

Le délit de contrefaçon se caractérise par un élément matériel et moral. L'élément matériel est caractérisé par la reproduction ou représentation sans autorisation ; l'importation d'œuvres contrefaites ; la violation du droit moral, tel que le droit de divulgation par exemple. L'élément moral ou intentionnel de l'infraction découle souvent de l'élément matériel. Il est donc présumé. Il appartient au contrefacteur de démontrer au juge sa bonne foi.

- **La saisie en contrefaçon**

Selon les termes de l'article L. 332-1, alinéa 1er du CPI, la saisie des exemplaires contrefaisants est mise en œuvre par réquisition présentée au Commissaire de police ou au juge d'instance. Le saisissant doit assigner au fond auprès de la juridiction compétente dans les trente jours de la saisie, à peine de mainlevée de celle-ci. Lorsque la saisie est accompagnée de mesures provisoires (interruption d'une représentation artistique ; saisie en dehors des heures légales...), l'alinéa 2 de l'article L. 332-1 du CPI indique que la demande doit être adressée au président du tribunal de grande instance qui rend une ordonnance sur requête. La saisie-description, la plus pratiquée, consiste à saisir sur requête le président du tribunal de grande instance. Celui-ci accorde, sur ordonnance, la saisie-description des exemplaires contrefaisants par un huissier, éventuellement accompagné d'un homme de l'art. Dans tous les cas, la mainlevée de la saisie peut être demandée dans les trente jours de la saisie du président du tribunal de grande instance qui statue en référé.

Rappelons qu'en matière d'œuvre de collaboration, lorsque l'un des coauteurs fait une action en contrefaçon devant le juge compétent contre des tiers contrefaisants pour faire valoir son droit de reproduction, sa demande n'est recevable que s'il attrait devant le tribunal les autres coauteurs de l'œuvre. Cette exigence de mise en cause des coauteurs pour la défense des droits patrimoniaux, à peine d'irrecevabilité, ne s'impose pas pour la défense du droit moral.

3 – Les droits voisins

a – Les droits patrimoniaux des droits voisins

Artistes-interprètes et acteurs économiques (entreprises de communication audiovisuelle ; producteur de phonogrammes et de vidéogrammes), considérés comme des auxiliaires de la création, se voient reconnaître des droits voisins des droits d'auteurs sur l'œuvre interprétée ou diffusée. Ils bénéficient de droits exclusifs leur permettant d'interdire la reproduction ou la représentation de leur production. La directive communautaire du 22 mai 2001 va dans ce sens. L'article L. 212-3 du CPI indique que « sont soumises à l'autorisation écrite de l'artiste-interprète, la fixation de sa prestation, sa reproduction et sa communication au public, ainsi que toute utilisation séparée du son et de l'image de la prestation lorsque celle-ci a été fixée à la fois pour le son et l'image ». De la même façon, la directive européenne du 22 mai 2001 confère, pour les artistes-interprètes ou exécutants, le droit exclusif d'autoriser ou interdire la reproduction des fixations de leurs exécutions. L'artiste-interprète peut donc limiter l'utilisation des fixations de son interprétation. Il a ainsi le droit de déterminer la « destination » de son interprétation. On parlera de droit de destination, comme en matière de droits d'auteurs.

En ce qui concerne les producteurs de phonogrammes, vidéogrammes et les entreprises de communication audiovisuelle, ces acteurs économiques ont le droit d'interdire les reproductions et représentations de leurs productions ou programmes.

Artistes-interprètes et producteurs de phonogrammes peuvent voir leurs droits exclusifs limités par une licence légale, mais dans ce cas ils perçoivent une rémunération équitable. C'est le cas de la diffusion des disques en discothèque, où est perçue une somme pécuniaire par les sociétés compétentes qui rémunèrent les artistes et les producteurs.

Enfin l'article L. 212-4 du CPI dispose que la signature du contrat conclu entre un artiste-interprète et un producteur, pour la réalisation d'une œuvre audiovisuelle, vaut autorisation de fixer, reproduire et communiquer au public la prestation de l'artiste-interprète.

b – Le droit moral des droits voisins

Le droit moral est reconnu à l'artiste-interprète sur son interprétation. L'article L. 212-2 du CPI dispose que l'artiste-interprète a le droit au respect de son nom, de sa qualité et de son interprétation. Mais, il ne semble pas disposer du droit de repentir ou de retrait. Les producteurs de phonogrammes, vidéogrammes et les entreprises de communication audiovisuelle, en tant qu'acteurs purement économiques, ne bénéficient du droit moral attaché aux droits voisins. L'article précité du code instaure une présomption de cession des droits voisins de l'artiste au producteur de l'œuvre audiovisuelle. Seule une clause dans le contrat peut écarter cette présomption de cession. En cas de cession, l'artiste perçoit tout de même une rémunération en contrepartie, selon les termes de l'article L. 212-4 alinéa 2 du CPI.

c – Le conflit entre droit d'auteur et droits voisins

L'article L. 211-1 du CPI indique que les droits voisins ne portent pas atteinte au droit d'auteur, ce qui signifie qu'en cas de conflit entre titulaire de droits voisins et du droit d'auteur, le droit d'auteur prédomine. Ainsi, un producteur phonographique d'une chanson, ne peut porter atteinte au droit moral et au droit pécuniaire (droit de reproduction) d'un auteur-compositeur sur son œuvre qui a conservé le droit de reproduction et d'exploitation de la composition musicale.

d – La durée des droits voisins

L'article L. 211-4 du CPI indique que la durée des droits patrimoniaux est de cinquante années à compter du 1er janvier de l'année civile suivant celle :
- de l'interprétation pour les artistes-interprètes ;
- de la première fixation d'une séquence son et d'image pour les producteurs de phonogrammes et de vidéogrammes ;
- de la première communication au public pour les entreprises de communication audiovisuelle.

4 – Le régime juridique des œuvres complexes, de collaboration et collectives

a – Les œuvres complexes

Les œuvres complexes sont les œuvres dérivées et composites. L'œuvre dérivée est celle qui dépend d'une œuvre antérieure. C'est le cas des œuvres d'adaptation. Pour que l'œuvre dérivée puisse être exploitée, il faut une autorisation de l'auteur ou des ayant-droits de l'œuvre antérieure ou préexistante. L'auteur de l'œuvre préexistante perçoit une rémunération proportionnelle au montant de l'exploitation et conserve son droit moral.

L'œuvre composite est, quant à elle, définie à l'article L. 113-2 du CPI comme « l'œuvre à laquelle est incorporée une œuvre préexistante sans la collaboration de l'auteur de cette dernière ». Une musique préexistante incorporée dans un film est l'exemple topique. L'article L. 113-4 du CPI rappelle que « l'œuvre composite est la propriété de l'auteur qui l'a réalisée, sous réserve des droits de l'auteur de l'œuvre préexistante ». Le principe de la rémunération proportionnelle ne s'applique que si l'incorporation de l'œuvre préexistante est essentielle dans la création de l'œuvre nouvelle. L'auteur de l'œuvre préexistante possède un droit moral sur son œuvre.

b – Les œuvres de collaboration

L'article L. 113-2 alinéa 1er du CPI dispose qu'« est dite de collaboration l'œuvre à la création de laquelle ont concouru plusieurs personnes physiques ». Selon l'article L. 113-3 du CPI, l'œuvre de collaboration est la propriété commune des coauteurs qui doivent exercer leurs droits d'un commun accord. Les actes de gestion sont donc soumis au principe de l'unanimité. Comme en matière d'indivision, en cas de désaccord entre les coauteurs, la juridiction civile ou pénale, souvent lors d'une action en contrefaçon diligentée contre des tiers, pourra statuer. Dans ce dernier cas, la demande de l'un des coauteurs n'est recevable que s'il a attrait le ou les coauteurs de l'œuvre devant le tribunal. La qualité de coauteur nécessite une participation conséquente et personnelle à la création de l'œuvre.

L'article 113-3 du CPI pose une exception à ce principe en indiquant que « lorsque la participation de chacun des coauteurs relève de genres différents, chacun peut, sauf convention contraire, exploiter séparément sa contribution personnelle, sans toutefois porter préjudice à l'exploitation de l'œuvre commune ». Ainsi, le compositeur de la musique d'un film tiré d'un roman, souhaitant exploiter son œuvre, pourra reproduire sur son disque le titre des romans adaptés au cinéma puisque les coauteurs relèvent de genres différents. Il s'agit d'une exception ou atténuation au principe de l'unanimité des décisions entre les auteurs de collaboration.

c – Les œuvres collectives

Définie par l'article L. 113-2 alinéa 3 du CPI, l'œuvre est collective lorsqu'une personne physique ou morale prend l'initiative de publier ou divulguer l'œuvre créée par plusieurs auteurs. Cette personne physique ou morale est le maître d'œuvre ou le promoteur de l'œuvre. Elle devient propriétaire de celle-ci et en possède les droits d'auteurs. Il s'agit d'une présomption simple qui peut être renversée si les contributeurs apportent la preuve de leur rôle dans la création. En l'absence de toute revendication des personnes qui ont créé l'œuvre, l'exploitant de celle-ci est présumé titulaire sur l'œuvre du droit de propriété intellectuelle à l'égard des tiers contrefacteurs.

L'ouvrage collectif peut être une encyclopédie ; des recueils ; des magazines ; des journaux ; des logiciels ; une publicité ; une création multimédia... En revanche, l'œuvre audiovisuelle ne peut être qualifiée d'œuvre collective. Le Code de la propriété intellectuelle signifie « que l'œuvre audiovisuelle ne peut jamais être une œuvre collective dans laquelle ceux qui contribuent à la réalisation ne sont pas des auteurs ». Elle relèvera du régime des œuvres de collaboration.

Le contributeur perçoit une rémunération forfaitaire, et son droit moral se réduit au droit à la paternité sur la contribution. Il peut cependant exploiter séparément son œuvre à condition de ne pas nuire à l'exploitation de l'œuvre collective.

Le principal intérêt de ce régime spécifique résulte dans le fait qu'une personne morale va pouvoir exploiter l'œuvre et relever des droits d'auteurs qui bénéficient par principe uniquement aux personnes physiques. Le régime des œuvres collectives déroge d'une certaine façon à l'esprit classique de la réglementation sur les droits d'auteurs protégeant le créateur de l'œuvre et non l'exploitant. Ici c'est l'inverse.

5 – La gestion des droits d'auteurs et droits voisins

a – La gestion collective des droits

Pour sa gestion, le droit de reproduction, en raison de sa complexité, est le plus souvent cédé à une société de gestion collective qui exerce les droits du cessionnaire. L'article L. 122-10 du CPI organise les modalités de la gestion. La société cessionnaire du droit peut conclure toute convention avec les utilisateurs et les exploitants. La société collecte et reverse les rémunérations des ayants droit qui peuvent être forfaitaires, mais équitable. La complexité de l'exploitant des œuvres généralise la gestion collective du droit de reproduction. En effet, ces sociétés, outre la perception et la répartition des droits entre les membres (auteurs), conseillent ceux-ci ou réprimandent si nécessaire.

À titre d'exemple, l'article L. 311-7 du CPI organise la rémunération pour copie privée des phonogrammes. La moitié de la rémunération est allouée aux auteurs ; un quart aux artistes-interprètes ; un quart aux producteurs.

En tant qu'adhérent à la société, l'auteur conserve son droit moral, mais il peut recouvrer la totalité de ses droits patrimoniaux en quittant la société.

b – Les sociétés de gestion collective agréées

Les sociétés de droits d'auteurs en France sont des sociétés agréées par le ministère de la culture. On citera la SACEM (auteurs, compositeurs, éditeurs de musiques) ; SACD (auteurs-compositeurs d'œuvres dramatiques, de télévision, de cinéma) ; SCAM (œuvres multimédia) ; SDI (œuvres utilisées pour la publicité) ; SNE (syndicat national de l'édition)... SCPP (gestion des droits voisins des producteurs phonographiques et vidéogrammes)... SORECOP (gestion des copies privées sonores)...

II – L'organisation de la responsabilité de l'émetteur de l'expression

C'est à travers le contrat que s'organise la responsabilité des exploitants de l'expression, information ou message (A). Même en dehors du contrat la responsabilité de l'émetteur ou de l'exploitant d'information peut être engagée (B).

A – La responsabilité dans le contrat

La responsabilité des parties dans le domaine de l'information et de la communication découle souvent de contrats spécifiques. En dehors de ces contrats, les parties restent soumises aux dispositions contractuelles de droit commun.

1 – Les contrats spécifiques de la communication et de l'information

On distinguera les contrats issus directement des droits d'auteurs et droits voisins, des autres contrats, non visés par le Code de la propriété intellectuelle.

a – Les contrats issus des droits d'auteurs et droits voisins

Le Code de la propriété intellectuelle prévoit des dispositions générales (art. L. 131-1 à L. 131-8) et particulières (art. L. 132-1 à L. 132-34) applicables aux contrats liés aux droits d'auteurs et voisins.

- **Le contrat de cession de droits d'auteur**

Le Code de la propriété intellectuelle encadre le contrat de cession de droits d'auteur. L'article L. 131-4 du CPI dispose que « la cession par l'auteur de ses droits sur son œuvre peut être totale ou partielle ». Cependant, la cession globale des œuvres futures est nulle, contrairement à l'article 1130 du Code civil qui les autorise. Il existe toutefois des exceptions à cette prohibition, comme le pacte de préférence.

La cession de chacun des droits d'auteurs patrimoniaux doit faire l'objet d'une mention distincte dans l'acte de cession. La cession des droits exclusifs de représentation et de reproduction est détaillée dans le contrat. De plus, le domaine d'exploitation des droits cédés est délimité quant à son étendue, sa destination, le lieu et la durée. Si la durée de la cession n'est pas déterminée, la cession peut être reconnue sans effet par le juge. En contrepartie de la cession, l'article L. 131-4 alinéa 1er du CPI prévoit que l'auteur reçoit une participation proportionnelle aux recettes provenant de la vente ou de l'exploitation. Le taux de rémunération reste libre, mais en cas de contestation, le juge judiciaire peut estimer dérisoire le taux de rémunération et annuler la clause de rémunération. En outre, l'article L. 131-4 du CPI autorise la rémunération de l'auteur au forfait dans des cas énumérés, comme en cas de difficulté ou d'impossibilité d'utiliser la rémunération proportionnelle, en cas de cession des droits portant sur un logiciel…

- **Le contrat d'édition**

L'article L. 132-1 du CPI dispose que le contrat d'édition est le contrat par lequel l'auteur d'une œuvre de l'esprit ou ses ayant-droits cèdent à des conditions déterminées à une personne appelée éditeur le droit de fabriquer ou de faire fabriquer en nombre des exemplaires de l'œuvre à charge pour elle d'en assurer la publication et la diffusion ». Comme le contrat de cession, l'auteur cède ses droits patrimoniaux à l'éditeur qui assume les risques d'édition de l'œuvre. Il perçoit en contrepartie une rémunération proportionnelle, mais la rémunération peut être forfaitaire dans des cas spécifiques, comme le prévoit l'article L. 132-6 du CPI (ouvrages scientifiques ; encyclopédies ; introductions…).

Le contrat à compte d'auteur se distingue du contrat d'édition selon les termes de l'article L. 132-2 du CPI. L'auteur conserve ses droits patrimoniaux et rémunère l'éditeur pour la fabrication de l'œuvre.

Le contrat « de compte et demi » se distingue aussi du contrat d'édition selon les termes de l'article L. 132-3 du CPI. Le contrat prévoit le montant des pertes supportées par les contractants et le partage des bénéfices.

Enfin, le pacte de préférence, défini par l'article L. 132-4 du CPI, permet à l'auteur de « s'engager à accorder un droit de préférence à un éditeur pour l'édition de ses œuvres futures de genres nettement déterminés ».

- **Le contrat de représentation**

L'article L. 132-18 définit le contrat de représentation comme celui par lequel l'auteur d'une œuvre de l'esprit autorise une personne physique ou morale à représenter ladite œuvre à des conditions déterminées. Le droit de représenter l'œuvre est en général limité dans le temps, le droit de représentation n'est pas cédé mais concédé.

Le contrat de représentation se distingue du contrat général de représentation qui est le contrat par lequel un organisme professionnel d'auteurs confère à un entrepreneur de spectacle la faculté de représenter, pendant la durée du contrat, les œuvres actuelles ou futures, constituant le répertoire dudit organisme aux conditions déterminées par l'auteur ou ses ayant-droits. Ce contrat déroge à l'interdiction de céder des œuvres futures. L'entrepreneur de spectacle, d'une discothèque par exemple, va pouvoir bénéficier du répertoire de l'organisme professionnel (la SACEM), en contrepartie il paie à ce dernier une redevance.

- **Le contrat de production**

Il s'agit du contrat qui lie le producteur à l'auteur d'une œuvre. Ce contrat est régi par les articles L. 132-23 à L. 132-30 du CPI. Le contrat de production emporte cession des droits exclusifs de l'œuvre audiovisuelle au producteur. L'auteur perçoit une rémunération proportionnelle (ou forfait) par référence au prix public de vente avec taxes. En cas de conflit, le juge pourra apprécier, là encore, le caractère dérisoire de la rémunération.

- **Le contrat de commande pour la publicité**

Les articles L. 132-31 à 33 encadrent le contrat de commande d'une œuvre pour la publicité. Il s'agit le plus souvent d'un contrat passé entre un producteur (annonceur qui finance le produit publicitaire) et un auteur en vue de la commande d'une œuvre publicitaire. L'auteur cède ses droits d'exploitation de l'œuvre publicitaire, sauf clause contraire qui peut limiter ou aménager la cession des droits. En contrepartie de la cession des droits, l'auteur perçoit une rémunération forfaitaire dont les modalités doivent être insérées dans le contrat.

b – Les contrats de publicité et de référencement

- **Les contrats de publicité**

D'autres contrats, non visés par le Code de la propriété intellectuelle, aménagent la responsabilité des parties dans le domaine de l'information et de la communication. Dans le domaine de la publicité, de nombreux contrats peuvent être cités. Le contrat passé entre une agence de publicité et un annonceur, parfois cessionnaire de l'œuvre publicitaire, est un contrat de mandat selon la loi du 29 janvier 1993 (loi Sapin). L'agence est un intermédiaire qui va conseiller l'annonceur, mettre en place sa campagne de publicité, et qui peut organiser la diffusion de la publicité auprès de support. Des entreprises sont spécialisées dans la diffusion de la publicité à des supports (espaces publicitaires). Il s'agit des centrales d'achat d'espace qui référencent les supports et proposent aux annonceurs la diffusion de leur publicité. Toutefois l'annonceur peut passer directement un contrat avec l'entreprise de support, même si cela paraît difficile en raison du référencement et des accords parfois préférentiels passés par les centrales d'achat avec leurs supports. On parle alors de contrat d'achat direct d'espace publicitaire. Il existe aussi le contrat de régie dans lequel le régisseur de publicité commercialise, auprès des agences de publicité et annonceurs, l'espace publicitaire des entreprises de support.

- **Le contrat de référencement**

Le contrat de référencement d'information sur Internet est un autre exemple de contrat qui permet la localisation et l'organisation de l'information, lui conférant ainsi une valeur économique ajoutée. Il est régi par le droit des obligations et encadré par le droit de la concurrence. Le contrat vise à référencer une entreprise ou son site Web, dans un moteur de recherche, un annuaire ou des hyperliens en vue de la promouvoir sur le réseau Internet. Les codes « méta » ou « méta-tags » optimisent le référencement. Ils ne sont que la marque informatique des termes retenus comme mots-clés pour opérer la sélection des sites susceptibles de répondre aux attentes de l'utilisateur. L'insertion de mots clés dans le code source « html » d'un document pour faciliter l'identification d'un site ou d'une page doit respecter les obligations du contrat et le droit des marques. Un mot-clé inséré qui se réfère à une marque déposée contrevient aux règles relatives à la propriété industrielle.

2 – Les principes communs de responsabilité

Chaque contrat possède son propre régime issu de la loi et de ses clauses spécifiques. L'organisation de la responsabilité des parties diffère selon que le contrat se trouve au stade de sa formation, de son exécution ou de sa résiliation.

a – La formation des contrats

Les contrats relatifs aux droits d'auteurs et droits voisins doivent respecter les obligations légales du Code de la propriété intellectuelle et du Code civil. Selon l'article 1108 du Code civil, un contrat sera valablement formé si les parties ont la capacité de contracter, si leur consentement n'est pas vicié (erreur ; dol ; violence) et si le contrat possède un objet et une cause licite. Pour toutes ces conditions, le Code de la propriété intellectuelle prévoit des dispositions parfois plus sévères pour garantir la validité des contrats. Par exemple, l'article L. 132-7 alinéa 2 du CPI précise qu'en ce qui concerne le contrat d'édition, « le consentement personnel et donné par écrit de l'auteur est obligatoire ». L'accord verbal ne vaut pas consentement. L'exigence d'un écrit se retrouve pour les contrats de représentation et de production audiovisuelle, même si ce formalisme n'est pas requis pour la validité de l'acte mais seulement pour la preuve du consentement. La violation d'une des conditions nécessaire à la formation du contrat entraîne la nullité du contrat et éventuellement l'octroi de dommages-intérêts au contractant qui a subi le préjudice.

La lésion est envisagée de manière très restreinte par le Code civil. La lésion désigne dans un contrat le préjudice subi par l'un des contractants du fait du déséquilibre existant entre les prestations, lors de la formation du contrat. Le législateur condamne et définit la lésion dans certains types de contrats. L'article L. 131-5 du Code la propriété intellectuelle va dans ce sens. Il dispose que l'auteur d'une œuvre littéraire ou artistique qui a cédé le droit de l'exploiter pour un prix forfaitaire, peut, s'il subit une lésion de plus de sept douzième, obtenir la révision du prix convenu devant le juge compétent. L'injustice contractuelle est tarifiée par le législateur, elle est de 7/12e du prix de cession en matière de droit d'auteurs. L'auteur peut demander la révision du prix de la cession devant le juge. Le contrat lésionnaire est donc maintenu et ne peut être annulé.

Enfin, chaque contrat visant à la diffusion d'une information ou d'une communication doit être qualifié juridiquement afin d'en déterminer le régime. Contrats de louage, d'entreprise, de vente, de distribution, de mandat, de dépôt… sont autant de qualifications possibles. Par exemple, le contrat de création d'un site Internet est un contrat d'entreprise, son régime découle de cette qualification.

b – L'exécution des contrats

Chaque contrat est créateur de droits et d'obligations. La violation d'une obligation engage la responsabilité du contractant. Là encore le Code de la propriété intellectuelle organise les obligations des parties. Pour le contrat d'édition, l'article L. 132-8 du CPI dispose que « l'auteur doit garantir à l'éditeur l'exercice paisible et, sauf convention contraire, exclusif du droit cédé ». Par conséquent, si le contrat prévoit une cession exclusive du droit de reproduction, l'auteur engage sa responsabilité en concluant un autre contrat d'édition. Il s'agit d'une véritable garantie d'éviction due par le cédant au cessionnaire.

L'éditeur, quant à lui et selon l'article L. 132-12 du CPI, doit assurer une diffusion permanente, suivie et commerciale de l'œuvre. C'est dire qu'il ne peut interrompre sa commercialisation ou ne pas assurer correctement la promotion de l'œuvre sans risquer de voir sa responsabilité engagée devant le juge judiciaire.

Tout manquement à une règle légale et à une clause contractuelle valable, donne la possibilité à la partie lésée de saisir le juge afin de forcer le cocontractant à respecter les termes de la loi et du contrat.

L'entrepreneur d'un site Internet doit créer le site conformément aux spécifications de son client et dans le délai requis. On tend alors vers une obligation de résultat de l'entrepreneur envers son client.

c – La résiliation des contrats

Lorsqu'une partie n'exécute pas une obligation du contrat, l'autre partie peut aussi solliciter la résiliation du contrat devant le juge judiciaire. Mais la loi peut prévoir une résiliation de plein droit du contrat. Relatif au contrat d'édition, l'article L. 132-17 du CPI dispose que « la résiliation a lieu de plein droit lorsque, sur mise en demeure de l'auteur lui impartissant un délai convenable, l'éditeur n'a pas procédé à la publication de l'œuvre ou, en cas d'épuisement, à sa réédition ». La partie lésée pourra tout de même saisir le juge judiciaire pour se voir allouer des dommages-intérêts, destinés souvent à compenser la perte de redevances que l'auteur aurait pu légitimement retirer d'une exploitation normale de ses œuvres.

Les contrats d'accès à Internet n'échappent pas à ce principe. L'internaute qui viole les règles contenues dans son contrat d'accès peut subir le jeu d'une clause résolutoire qui entraînera la résiliation de son contrat d'accès. Tel est le cas lorsque l'internaute bombarde les autres internautes de « *spamming* » ou courriers non sollicités. Saisi par l'internaute qui s'était vu résilier son contrat d'abonnement, le juge a estimé que la pratique du *spamming*, considérée dans le milieu de l'Internet comme une pratique déloyale et gravement perturbatrice, justifiait la rupture unilatérale du contrat, l'internaute ayant, par son comportement, manqué à ses obligations contractuelles, et l'internaute a été condamné à payer aux défendeurs des dommages-intérêts conséquents.

B – La responsabilité hors du contrat

En dehors de tout contrat, l'émetteur d'information peut voir sa responsabilité engagée au regard des règles classiques de la responsabilité civiles (A) ou de celles qui assurent la protection de la vie privée et de la présomption d'innocence (B).

1 – La responsabilité civile classique

L'émetteur d'information voit sa responsabilité encadrée par les règles de la responsabilité pour faute, de l'action en concurrence déloyale et de la responsabilité des produits défectueux.

a – La responsabilité pour faute ou imprudence

L'émetteur d'information et de communication doit faire l'objet de la plus grande prudence lors de la publication et de l'exploitation de celle-ci. Le célèbre article 1382 du Code civil permet d'engager la responsabilité de l'émetteur lorsque l'information publiée, qualifiée de faute cause à autrui un dommage : « tout fait quelconque de l'homme qui cause à autrui un dommage oblige celui par la faute duquel il est arrivé, à le réparer ». Fait fautif, dommage et lien de causalité entre le dommage causé et la faute, sont les trois conditions nécessaires pour engager la responsabilité de l'émetteur d'information.

Mais l'article 1383 du Code civil va plus loin et permet d'engager la responsabilité d'une personne « par sa négligence ou par son imprudence ». C'est dire qu'il pèse sur l'émetteur d'information une obligation de prudence et de célérité ; sans cela, sa responsabilité est susceptible d'être reconnue par le juge judiciaire. Par exemple, l'historien, l'écrivain ou journaliste se voient reconnaître par le juge un « devoir d'objectivité » au regard des informations qu'ils publient. Le juge sanctionne « la légèreté coupable » de la personne. De même, « les journalistes doivent faire preuve d'exactitude dans le choix des informations publiées et ne pas manquer d'objectivité, notamment dans la relation des propos tenus par une tierce personne comme dans l'utilisation d'une interview accordée ». Par conséquent au-delà de la faute, comme une publication mensongère, l'imprudence et le manque d'objectivité sont susceptibles d'engager la responsabilité de l'émetteur d'information dépassant la libre critique accordée à chacun. Le juge doit apprécier ce dépassement de la libre critique pour tomber, par exemple, dans le dénigrement caractérisant la faute.

Le préjudice moral et matériel est réparable. Le juge peut encore assortir la réparation accordée à la victime d'une mesure visant la publication de la condamnation dans un périodique.

b – L'action en concurrence déloyale

- **Les éléments constitutifs de l'action en concurrence déloyale**

Issue des articles 1382 et 1383 du Code civil, l'action en concurrence déloyale est une branche particulière de la responsabilité civile. Cette action garantit à tout commerçant un droit d'exploiter paisiblement la clientèle attachée à son fond de commerce. De manière classique, l'action en concurrence déloyale protège un commerçant contre toute information ou publicité qui vise au dénigrement de son entreprise ou de ses produits ; à la confusion dans l'esprit du public de l'entreprise ou de ses produits avec une entreprise ou des produits concurrents ; à la désorganisation de l'entreprise. Dénigrement, confusion et désorganisation caractérisent le fait fautif, et le préjudice causé au commerçant, matériel (perte de chiffre d'affaires) ou moral, pourra être réparé par le juge.

- **La protection contre l'acte déloyal**

L'action en concurrence déloyale joue dans deux directions. D'abord, elle protège une création qui ne peut bénéficier des droits d'auteurs en raison notamment d'une absence d'originalité. Une reproduction d'idée d'émission de télévision, non protégée par les droits d'auteurs, peut se réaliser de façon déloyale et conduire à un acte de désorganisation. Ensuite, cette action protège l'entreprise commerçante contre une information ou communication susceptible de lui porter préjudice, telle qu'une information déloyale qui dénigre un concurrent. Le parasitisme va encore plus loin dans cette logique. Issue de l'action en concurrence déloyale, la prohibition du parasitisme protège le professionnel contre toute usurpation de la valeur économique qu'il a créé. Cette valeur économique provient de la notoriété de l'entreprise ou d'une technique créée par elle. Le fait de parasitisme est bien constitutif d'une faute. Une entreprise, tel un parasite, ne peut vivre dans le sillage d'une autre en profitant de ses efforts, de la réputation de son nom et de ses produits. Ainsi, une notoriété, une technique, développée par une entreprise, non protégeable par les droits d'auteurs, peut l'être sur le terrain de l'action en concurrence déloyale et du parasitisme, lorsqu'une information, une publicité ou autre cause un préjudice à cette entreprise.

L'information créée par une entreprise est protégée contre le parasitisme. L'information émanant d'une entreprise ne peut « parasiter » une autre entreprise. Ce sont là les deux facettes d'une même action.

Indépendamment de la réparation du préjudice subi, le juge des référés est compétent pour faire cesser un trouble manifestement illicite sur la base de l'action en concurrence déloyale et pour prescrire des mesures conservatoires.

c – La responsabilité du fait des produits défectueux

Conformément à l'article 1384 alinéa premier, chaque personne est responsable du dommage causé par le fait des choses que l'on a sous sa garde. Le propriétaire ou le gardien de la chose doit réparer le dommage causé à autrui par une information.

Les articles 1386-1 et suivants du Code civil créent une responsabilité de plein droit pour le producteur en raison du défaut causé par son produit. « Le producteur est responsable du dommage causé par un défaut de son produit, qu'il soit ou non lié par un contrat avec la victime ». La victime pourra obtenir réparation du dommage subi (corporel ou matériel) en se retournant contre le vendeur ou le producteur.

Cette responsabilité de plein droit s'applique aux biens meubles, selon l'article 1386-3 du Code civil. Un ordinateur, est un bien meuble, et sa défectuosité engage automatiquement la responsabilité du producteur. En revanche, l'émetteur d'information relève-t-il de cette responsabilité de plein droit ? Une information, un logiciel peuvent-ils être qualifiés de bien meubles ? Deux conceptions s'affrontent, l'une extensive, considérant comme produit des biens immatériels, l'autre restrictive estimant que cet article ne vise que des biens matériels. Dans l'attente de la position du juge suprême national ou européen, il convient de se référer aux règles classiques pour engager la responsabilité de l'émetteur d'information, conformément aux articles 1382 et 1383 du Code civil.

2 – La protection de la vie privée et de la présomption d'innocence

Il convient de distinguer la protection civile de la protection pénale de la vie privée, avant d'aborder le respect de la présomption d'innocence.

a – La protection civile de la vie privée

- **Le droit au respect de sa vie privée**

L'article 9 alinéa premier du Code civil dispose que « chacun a droit au respect de sa vie privée ». Toute information et communication émises doivent respecter ce principe.

La vie privée est envisagée avec largesse, elle comprend la vie familiale (éducation des enfants, divorce ou séparation...), la vie intime et sentimentale des personnes, le domaine religieux et même le décès de la personne. Le juge a estimé que « les atteintes à l'intimité de la vie privée peuvent porter sur la fixation de l'image de toute personne, vivante ou morte ». La publication de clichés pris au téléobjectif d'un mannequin dans le cadre strictement privé, qui la montrent dans des tenues de la vie courante et qui donnent d'elle une image différente de celle issue de ses activités professionnelles dont l'image est le métier, porte atteinte à sa vie privée. Cette protection de la vie privée face à une information s'efface si la divulgation de l'information a fait l'œuvre d'un consentement exprès et non équivoque de la part de la personne concernée.

La Cour d'appel de Paris dans l'affaire « Claude Erignac contre *Paris Match* » indiquait que la publication de la photographie litigieuse (image du Préfet gisant dans le sang) au cours de la période de deuil des proches parents de Claude Erignac constitue, dès lors qu'elle n'a pas reçu l'assentiment de ceux-ci, une profonde atteinte à leurs sentiments d'affliction, partant à l'intimité de leur vie privée. Le concept juridique de la dignité de la personne humaine renforce le respect de la vie privé conformément aux dispositions de l'article 10 de la Convention européenne de sauvegarde des droits de l'homme.

- **Le droit au juge des référés**

L'article 9 alinéa 2 du Code civil permet à la victime de saisir le juge des référés. Cet article indique que « les juges peuvent, sans préjudice de la réparation du dommage subi, prescrire toutes les mesures, telles que séquestre, saisie et autres, propres à empêcher ou faire cesser une atteinte à l'intimité de la vie privée ; ces mesures peuvent, s'il y a urgence, être ordonnées en référé ». Le référé est donc la voie juridique la plus adéquate pour faire cesser toute atteinte à la vie privée. Il est conditionné à l'urgence qui s'apprécie au regard de la gravité de l'atteinte. Les mesures à la disposition du juge sont nombreuses : saisie du document, du film qui porte atteinte à la vie privée ; mise sous séquestre sous la garde d'un tiers d'un film jusqu'à la décision au fond ; injonction visant à supprimer le texte ou la scène litigieux ; injonction sous astreinte fixée par jour de retard ; injonction visant à la publication d'un encart rectificatif.

Le juge du fond, en plus des pouvoirs susmentionnés, accorde ou non la réparation subie par le demandeur. La Cour de cassation indique que « la seule constatation de l'atteinte à la vie privée ouvre droit à la réparation ». Le juge peut encore imposer la publication de la condamnation dans un journal ou autre support.

b – La protection pénale de la vie privée

Sur le plan pénal, l'article 226-1 du Code pénal punit d'un an d'emprisonnement et de 45 000 euros d'amende le fait, au moyen d'un procédé quelconque, volontairement de porter atteinte à l'intimité de la vie privée d'autrui :

– en captant, enregistrant ou transmettant, sans le consentement de leur auteur, des paroles prononcées à titre privé ou confidentiel ;
– en fixant, enregistrant ou transmettant, sans le consentement de celle-ci, l'image d'une personne se trouvant dans un lieu privé.

L'article 226-2 du Code pénal va encore plus loin en réprimant des mêmes peines « le fait de conserver, porter ou laisser porter à la connaissance du public ou d'un tiers ou d'utiliser de quelque manière que ce soit tout enregistrement ou document obtenu à l'aide de l'un des actes prévus par l'article 226-1 du Code pénal ».

Une photographie, une surveillance, un enregistrement, l'usage du téléphone, d'Internet, d'un article de presse, peut contribuer à la violation de la vie privée d'une personne et de son droit à l'image dans un lieu privé. Le délit n'est pas consommé si la victime ne s'est pas opposée à la captation, à l'enregistrement ou à la transmission de ses propos ou de son image. Les atteintes à la vie en privé par le droit civil sont réprimées de la même façon par le droit pénal. On peut donc imaginer que pour des mêmes faits, la victime portera son action soit devant le tribunal correctionnel, soit devant le tribunal de grande instance. Dans les deux cas, la victime peut demander réparation du préjudice subi par l'allocation de dommages-intérêts.

L'article 226-8 du Code pénal punit d'un an d'emprisonnement et de 15 000 euros d'amende le fait de publier, par quelque voie que ce soit, le montage réalisé avec les paroles ou l'image d'une personne sans son consentement, s'il n'apparaît pas à l'évidence qu'il s'agit d'un montage ou s'il n'est pas expressément fait mention. Le montage de la parole ou de l'image d'autrui sans son consentement est pénalement répréhensible.

c – La protection de la présomption d'innocence

L'information divulguée ne doit pas porter au principe de la présomption d'innocence. L'article 9-1 du Code civil dispose que « chacun a droit au respect de la présomption d'innocence ». Pour qu'il y ait atteinte à ce principe, la personne doit avoir été publiquement considérée comme coupable. C'est donc la publication d'une information et d'une communication au public qui déclenche l'application de cet article. Les cas les plus communément rencontrés sont ceux de la déclaration dans un journal de la culpabilité d'une personne qui fait l'objet d'une instruction judiciaire en cours, ou du commentaire d'un procès par un journaliste qui donne son opinion sur la culpabilité du prévenu. Dès qu'une condamnation définitive est prononcée, la protection de l'article 9-1 du Code civil ne joue plus. De plus, la protection de la présomption d'innocence se prescrit après trois mois à compter du jour de l'acte de publicité. C'est dire que cette prescription est très courte.

Le juge « peut, même en référé, sans préjudice de la réparation du dommage subi, prescrire toutes les mesures telles que l'insertion d'une rectification ou la diffusion d'un communiqué, aux fins de faire cesser l'atteinte à la présomption d'innocence ». Juge du fond ou des référés, une fois saisi, peut imposer à l'auteur de la violation du principe de la présomption d'innocence, l'insertion d'un communiqué rectificatif. Le juge définit le contenu de ce communiqué rectificatif et les conditions de diffusion. La victime peut encore solliciter des dommages-intérêts, ne serait-ce que pour une réparation du préjudice moral.

3

DROITS ET DEVOIRS DES JOURNALISTES PROFESSIONNELS

Les journalistes exercent un métier difficile et exigeant. Ils sont les premiers à revendiquer la liberté d'expression en qualité d'émetteurs quotidiens d'informations, d'avis, de critiques, de révélation de faits, de publication de photographies etc. Ils sont les premiers aussi à s'exposer aux dérives de toutes sortes, qu'elles soient sanctionnées par la loi ou par une certaine conception de la morale et de la déontologie. Depuis Théophraste Renaudot, le métier de journaliste a évolué à la vitesse des médias eux-mêmes. Toutefois, si le législateur s'est beaucoup préoccupé du droit des entreprises de presse écrite puis audiovisuelle, il est pour le moins surprenant de constater que le statut des journalistes n'intéresse pas autant le législateur qui laisse au juge le soin de trouver lui-même les contours et les limites du droit de l'information. En toute hypothèse, la loi et la jurisprudence donnent au journaliste la possibilité d'exercer librement, avec une protection renforcée afin de défendre la liberté d'information, ce qui ne dispense pas le journaliste de devoir respecter un grand nombre d'obligations imposées par la déontologie et le principe de responsabilité.

I – Droits du journaliste professionnel

A – Régime juridique de la profession

1 – Définition du journaliste

Le Code du travail donne un statut social au journaliste professionnel, lequel est défini de manière assez pragmatique. En effet, aux termes de l'article L. 761-2, est un journaliste bénéficiant de la protection de la loi, « celui qui a pour occupation principale, régulière et rétribuée l'exercice de sa profession dans une ou plusieurs publications quotidiennes ou périodiques ou dans une ou plusieurs agences de presse et qui en tire l'essentiel de ses ressources ».

L'activité journalistique est nécessairement, selon la jurisprudence, un travail intellectuel visant à mettre à la portée des lecteurs des informations susceptibles de les intéresser. Ce qui exclut toutes sortes de techniciens intervenant dans la production du média mais qui n'ont pas une activité créatrice, comme ceux chargés de la typographie, de la sténographie ou de la reprographie par exemple. Il faut un minimum de travail personnel de rédaction pour que la qualité de journaliste soit reconnue. Par ailleurs, la jurisprudence exige que l'activité ait un lien avec l'actualité et par conséquent avec l'information. Ainsi n'est pas un journaliste l'auteur d'œuvres de fiction ou le dessinateur de bandes dessinées sans valeur informative et sans lien avec l'actualité, pas plus que celui qui assure une simple fourniture de jeux de mots croisés ou fléchés sans rapport avec l'information. Par ailleurs, la collaboration apportée à la publication de presse doit être permanente et principale, ce qui exclut par exemple tous les rédacteurs dilettantes, fussent-ils universitaires par ailleurs. Le critère des ressources est considéré comme essentiel par la jurisprudence, mais n'exclut pas la possibilité pour un journaliste d'avoir d'autres activités accessoires, mais à condition qu'elles lui rapportent moins que son activité principale. Le lieu de l'exercice de l'activité peut être une ou plusieurs agences de presse, c'est-à-dire dans un des organismes inscrits sur une liste établie par la Commission paritaire des publications et agences de presse, ou bien dans une ou plusieurs publications. Les collaborations multiples sont aisément admises mais encore faut-il qu'il s'agisse bien d'agences de presse ou de publications et non de simples journaux publicitaires ou d'entreprises par exemple. En toute hypothèse, toutes ces conditions cumulatives sont examinées par la jurisprudence au cas par cas et sont nécessaires pour attribuer au journaliste la qualité de professionnel. Toutefois, si la loi est imprécise pour donner une définition du journaliste professionnel en général, elle précise davantage quelques cas particuliers :

2 – Différentes catégories de journalistes et personnels assimilés

Les alinéas 2 et 3 de l'article L. 761-2 du Code du travail assimilent aux journalistes les correspondants ainsi que les collaborateurs de la rédaction. Les correspondants de presse sont assimilés dès lors qu'ils reçoivent en cette qualité des appointements fixes et qu'ils remplissent les autres critères du métier de journaliste. C'est le cas des correspondants envoyés à l'étranger par exemple. S'agissant des correspondants locaux des publications nationales ou régionales, ils peuvent obtenir la qualité de journaliste mais il est bien rare qu'ils exercent la profession de manière principale et que leur rétribution leur permette d'en vivre. Les collaborateurs de la rédaction sont assimilés aux journalistes professionnels en vertu de la loi : rédacteurs-traducteurs, sténographes, rédacteurs, rédacteurs-réviseurs, rédacteurs-dessinateurs, reporters-photographes. Cette liste est considérée par la jurisprudence comme indicative et non limitative ce qui permet, par exemple, d'assimiler les maquettistes.

D'un point de vue des différentes catégories de journalistes, la loi du 4 juillet 1974 a clarifié la situation entre journalistes pigistes et journalistes salariés. Longtemps les premiers n'étaient pas considérés comme des journalistes professionnels à cause notamment de la multiplicité de leurs employeurs. Désormais, toute convention par laquelle une entreprise de presse s'assure la collaboration d'un journaliste, moyennant rémunération, est présumée être un contrat de travail, qu'il s'agisse d'emploi à plein-temps ou de simple pige. Cette présomption subsiste quels que soient le mode, le montant de la rémunération, ainsi que la qualification donnée à la convention par les parties. Mais un tel contrat, assez exorbitant du droit commun puisqu'il ne repose ni sur un lien de subordination ni sur une mise à disposition exclusive de la force de travail du salarié, ne donne pas à ce pigiste salarié des droits aussi étendus que ceux qui bénéficient au journaliste salarié. Par exemple, la réduction du nombre de piges par l'employeur n'ouvre pas systématiquement droit à des dommages-intérêts pour rupture de contrat.

Enfin, la loi du 29 juillet 1982 prévoit, dans son article 23, que les journalistes exerçant leur activité dans une ou plusieurs entreprises de communication audiovisuelle ont la qualité de journalistes au même titre que ceux de la presse écrite, bien entendu à condition de remplir les mêmes critères de l'article L. 761-2 du Code du travail. Le journaliste professionnel, ainsi reconnu, se voit remettre une carte d'identité professionnelle :

3 – La carte d'identité professionnelle des journalistes

L'exercice de la profession de journaliste n'est soumis à aucune condition de diplôme. Tout au plus, peut-on conseiller aux candidats de bien maîtriser l'utilisation des moyens modernes de communication et de savoir bien s'exprimer. Cette situation paraît fort discutable quand on compare avec d'autres professions telles que boucher-charcutier, boulanger ou même agriculteur ou chauffeur de taxi. Certes le principe de liberté d'expression peut justifier qu'il soit facile d'accéder à la profession mais pour les métiers donnés à titre de comparaison et pour lesquels un certificat d'aptitude professionnelle est exigé, leur situation n'est pas contraire à la liberté d'entreprendre elle-même garantie par la constitution. La carte d'identité professionnelle n'est pas exigée par l'employeur au moment de la conclusion du contrat de travail ou du contrat de pigiste. Elle ne représente en réalité qu'une attestation d'exercice de la profession obtenue par conséquent *a posteriori*, et ce n'est pas parce qu'une personne dispose de la carte qu'elle est nécessairement journaliste professionnel.

L'article L. 76115 du Code du travail dispose que les conditions de délivrance de la carte sont fixées par voie réglementaire. Aux termes de l'article R. 761-5 du Code du travail, la commission de la carte d'identité de journaliste professionnel est composée de seize membres : huit représentants des employeurs, dont sept au titre des directeurs de journaux et agences de presse, et un au titre des entreprises de communication audiovisuelle du secteur public et huit représentants des journalistes professionnels. Les représentants des employeurs sont désignés pour trois ans par les organisations les plus représentatives de la profession. Les représentants des journalistes sont élus pour la même durée par l'ensemble des titulaires de la carte.

Les décisions de la commission sont susceptibles d'appel devant la commission supérieure, composée d'un conseiller à la Cour de cassation, Président, deux magistrats de la Cour d'appel de Paris, un représentant des directeurs de journaux, agences de presse et entreprises de communication audiovisuelle et un représentant des journalistes. Les décisions de la commission supérieure sont enfin susceptibles d'un recours devant le Conseil d'État.

La carte d'identité de journaliste ne peut être accordée qu'aux personnes répondant aux exigences de l'article L. 761-2 du Code du travail. Le requérant doit donc fournir toutes les preuves justifiant sa situation et sa demande outre un extrait de casier judiciaire de moins de trois ans. Il doit surtout signaler à la commission tout changement qui surviendrait dans sa situation et, en toute hypothèse, la demande de renouvellement est annuelle.

L'intérêt de la carte d'identité professionnelle est multiple : d'une part, elle permet au journaliste de pouvoir manifester auprès des autorités ou de quiconque une qualité qui permettra d'ouvrir quelques portes au risque d'en voir fermer d'autres ! Elle est une condition sine qua non pour obtenir certaines accréditations, de nombreuses entrées à différentes manifestations et spectacles étant le plus souvent réservées aux journalistes professionnels. D'autre part, elle permet d'éviter que des personnes irresponsables, invoquant frauduleusement cette qualité, se fassent passer pour des journalistes, ce qui pourrait entraîner des conséquences préjudiciables. Enfin, elle permet aux autorités de connaître précisément le nombre de journalistes en activité, ce qui facilite l'évaluation du poids des médias dans l'économie et dans la société.

4 – Régime social et fiscal de la profession de journaliste

Longtemps peu favorable au journaliste, son régime social a considérablement évolué après la deuxième guerre mondiale pour devenir au contraire très progressiste, ce qui peut s'expliquer par la réussite économique des grandes entreprises de presse et aussi par le poids des journalistes eux-mêmes face aux patrons de presse. C'est l'époque où le syndicat du livre, notamment, a obtenu des avancées très significatives sur le plan social. Mais avec les années de crise et la multiplication des nouveaux médias, les avantages spécifiques à la profession de journaliste se sont réduits dans la mesure où ils ont été rattrapés par le droit commun. Le seul avantage à peu près notable qui reste au journaliste professionnel réside dans une situation plus favorable que celle du salarié de droit commun lors de la cessation éventuelle de son contrat de travail. D'une part, le journaliste peut à tout moment démissionner sauf à respecter un préavis fixé par contrat ou par la convention collective. Mais contrairement au droit commun, le démissionnaire pourra bénéficier d'une indemnité en vertu de ce que l'on appelle la clause de conscience qui lui permet de quitter son employeur dès lors qu'il est survenu une cession de la publication ou un changement notable d'orientation. Cette spécificité est justifiée par le caractère particulier de la relation qui unit le journaliste avec l'organe de presse qu'il représente et dans lequel il s'identifie et partage la ligne. Dans ces conditions prévues par l'article L. 761-7 du Code du travail, le démissionnaire perçoit des indemnités comme en matière de licenciement.

S'agissant des hypothèses de licenciement pour cause réelle et sérieuse ou pour faute grave, la convention collective des journalistes précise qu'il faut entendre par faute grave des « voies de fait, indélicatesse, violation des règles de l'honneur professionnel » comme par exemple la publication d'une photographie indécente dans une publication destinée à un public familial. La faute grave permet la suppression du préavis et la réduction voire la suppression de l'indemnité. Par ailleurs, l'article L. 761-5 du Code du travail donne compétence à une commission arbitrale pour fixer, dans certains cas, l'indemnité de rupture. La commission se compose de quatre arbitres désignés à parts égales par les organisations professionnelles d'employeurs et de salariés. Ces quatre arbitres choisissent un haut fonctionnaire ou un haut magistrat en activité ou en retraite pour présider la commission. Cette dernière a une compétence spéciale et exclusive pour fixer l'indemnité au lieu et place de la juridiction de droit commun.

Sur le plan fiscal, les journalistes bénéficient d'une situation dérogatoire plus favorable que celle de la plupart des salariés. En effet, l'article 5 de l'annexe 4 du Code général des impôts dispose que « les journalistes, rédacteurs, photographes, directeurs de journaux, critiques dramatiques et musicaux, ont droit, pour la détermination des traitements et salaires à une déduction supplémentaire pour frais professionnels de trente pour cent ». Ce régime favorable résulte d'un arrêté du 20 juillet 1934. Il est parfois remis en cause au nom de l'égalité des contribuables devant l'impôt mais il faut croire que le lobby des hommes de presse est assez puissant pour dissuader tout gouvernement de revenir sur ces avantages acquis. En toute hypothèse, le statut protégé des journalistes est destiné à leur assurer la plus grande indépendance possible :

B – Les garanties d'indépendance du journaliste

1 – La clause de conscience

L'article L. 761-7 du Code du travail donne la possibilité au journaliste professionnel salarié de prendre, dans certains cas, dans certaines circonstances, l'initiative de la rupture du contrat de travail qui le lie à son employeur, tout en bénéficiant néanmoins des indemnités de licenciement comme si la rupture était imputable à l'employeur. Cette disposition est justifiée par la nécessité d'assurer au journaliste une garantie d'indépendance dans les hypothèses de changement à la direction d'une publication et surtout dans la ligne rédactionnelle. Le journaliste doit pouvoir rester maître de ses opinions, de sa liberté d'expression et se reconnaître dans le produit, livré aux consommateurs, de l'organe de presse qu'il représente et que parfois il incarne. Il s'agit bien de défendre les intérêts moraux du journaliste professionnel. La loi fixe les hypothèses d'ouverture de la clause de conscience :

La première situation envisageable est celle de la cession du journal ou du périodique ou de n'importe quelle entreprise de communication dans laquelle le salarié concerné exerce son activité journalistique. Ce point pose de plus en plus des difficultés à la jurisprudence qui a du mal parfois à distinguer précisément la réalité des cessions dès lors que différentes sociétés sont imbriquées dans des groupes aux nombreuses filiales en France et parfois à l'étranger.

La seconde situation prévue par le Code du travail est l'hypothèse de « la cessation de la publication ou du périodique pour quelque cause que ce soit ». En dehors des hypothèses de licenciement pour motif économique régies par le droit commun, il s'agit en l'occurrence de la situation dans laquelle un groupe de presse ou de médias audiovisuels cesse une publication, une émission, une rubrique. Ainsi très souvent en raison de l'évolution du goût des lecteurs ou de l'audimat des changements brusques interviennent au sein d'une entreprise de communication. Grâce à cette disposition du Code du travail, le journaliste lésé par le changement intervenu conserve ses droits.

Enfin, la troisième situation prévue par la loi est celle d'un « changement notable dans le caractère ou l'orientation du journal ou périodique » ou par assimilation toute forme de média dans lequel s'exerce l'activité journalistique. Ce changement notable doit créer « pour la personne employée, une situation de nature à porter atteinte à son honneur, à sa réputation ou, d'une manière générale à ses intérêts moraux ». Par exemple, un magazine d'information qui devient, afin d'augmenter sa diffusion, un magazine à scandales « privilégiant le sensationnel et portant atteinte à la vie privée ». De même, la clause de conscience a été logiquement admise s'agissant d'un journal de gauche devenant au fil du temps beaucoup plus conservateur.

2 – La protection des sources du journaliste professionnel

Un journaliste par définition recherche des informations afin de les divulguer. C'est pour le moins un aspect essentiel du droit à l'information. Toutefois, un journaliste d'investigation peut être amené à choisir de ne pas révéler ses sources d'information pour quantité de bonnes raisons. Ce peut être le plus souvent pour protéger les personnes qui informent les journalistes au détriment parfois de leur hiérarchie, de leurs proches ou simplement par crainte de réactions violentes de personnes ou groupes qu'ils dénoncent. Dans le même ordre d'idées, le journaliste a intérêt pour lui-même à protéger sa source d'information s'il ne veut pas qu'elle se tarisse. Dans la divulgation d'informations, il y a toujours une forme de trahison par rapport à des personnes qui pour des raisons, souvent peu avouables, veulent à tout prix garder le secret. Enfin, l'information étant un produit qui se vend, une bonne information, un « scoop » c'est-à-dire une révélation originale, ne peut souvent être obtenu qu'à la condition pour le journaliste de disposer d'informateurs discrets ou dissimulés. La difficulté n'apparaît au demeurant que lorsqu'il s'agit de la justice qui s'adresse au journaliste directement afin de connaître l'origine de ses informations. Ainsi à l'occasion de perquisitions judiciaires ou même à l'occasion d'une mise en examen pour recel de violation du secret professionnel ou recel de violation du secret de l'instruction par exemple. Après une période assez longue de tergiversations jurisprudentielles, le législateur français est intervenu notamment pour se mettre en conformité avec la Convention européenne des droits de l'homme. La loi du 4 janvier 1993 prévoit désormais que « les perquisitions dans les locaux d'une entreprise de presse ou de communication audiovisuelle, ne peuvent être effectuées que par un magistrat qui veille à ce que les investigations conduites ne portent pas atteinte au libre exercice de la profession de journaliste et ne constituent pas un obstacle ou n'entraînent pas un retard injustifié à la diffusion de l'information ». Il est certain, toutefois, que dès lors qu'un magistrat est saisi d'une enquête ou d'une instruction, il dispose d'un droit étendu pour faire apparaître la vérité, qu'elle se situe dans une salle de rédaction, au domicile d'un journaliste ou à travers des enregistrements d'écoutes téléphoniques. Par ailleurs, si le magistrat saisit des éléments à l'occasion d'une écoute ou même au simple examen de différents documents trouvés chez le journaliste, il pourra assez facilement trouver l'origine de l'information et l'identité de l'informateur. La Cour européenne des droits de l'homme semble toutefois bien déterminée à imposer par-dessus tous ces procédés d'identification et de recherche des sources, le droit du journaliste au secret absolu de ses sources.

En ce qui concerne l'éventuelle audition d'un journaliste dans le cadre d'une enquête ou d'une instruction, l'article 109 alinéa 2 du Code de procédure pénale dispose que « tout journaliste entendu comme témoin sur des informations recueillies dans l'exercice de son activité, est libre de ne pas en révéler l'origine ».

Certes le journaliste peut ne pas être entendu comme témoin mais comme mis en examen comme auteur principal ou comme complice auquel cas la protection ne peut pas s'appliquer sauf pour le journaliste à défendre envers et contre tout son secret professionnel. On ne peut que regretter la relative facilité avec laquelle les juges peuvent incriminer un journaliste et le contraindre à révéler ses sources d'information. Il serait préférable en ce domaine que le législateur accorde une protection plus étendue, d'autant plus que la Charte des devoirs professionnels des journalistes français de 1918 dispose « qu'un journaliste digne de ce nom... garde le secret professionnel. Il existe toutefois des situations où la révélation des sources ou de certains faits connus du journaliste est une véritable obligation : ainsi, selon l'article 434-1 du Code pénal « le fait pour quiconque ayant eu connaissance d'un crime dont il était encore possible de prévenir ou de limiter les effets, ou dont les auteurs sont susceptibles de commettre de nouveaux crimes qui pourraient être empêchés, de ne pas en informer les autorités judiciaires ou administratives est puni de trois ans d'emprisonnement et de 45 734 euros d'amende ».

On peut citer également l'article 434-3 du Code pénal qui réprime « le fait, pour quiconque ayant eu connaissance de privations, de mauvais traitements ou d'atteintes sexuelles infligés à un mineur de quinze ans ou à une personne qui n'est pas en mesure de se protéger en raison de son âge, d'une maladie, d'une infirmité, d'une déficience physique ou psychique ou d'un état de grossesse, de ne pas en informer les autorités judiciaires ou administratives, est puni de trois ans d'emprisonnement et de 45 734 euros d'amende ». La recrudescence ces dernières années des affaires de pédophilie a montré que de telles dispositions sont nécessaires et peuvent concerner un journaliste autant que tout citoyen. Seules ne sont pas dans l'obligation de respecter ces dispositions les personnes astreintes au secret professionnel en vertu de la loi, comme les médecins ou les avocats par exemple.

Enfin, l'article 223-6 du Code pénal sanctionne « quiconque pouvant empêcher par son action immédiate, sans risque pour lui ou pour les tiers, soit un crime, soit un délit contre l'intégrité corporelle de la personne s'abstient volontairement de le faire » d'une peine de cinq ans d'emprisonnement et de 76 224 euros d'amende. L'alinéa second de cet article punit toute personne qui s'abstient de porter secours à toute autre personne qui se trouve en situation de péril. De même l'article 223-7 du Code pénal sanctionne l'abstentionniste volontaire « de prendre ou de provoquer des mesures permettant, sans risque pour lui ou pour les tiers, de combattre un sinistre de nature à créer un danger pour la sécurité des personnes ». Ces dispositions pénales constituent de véritables obligations pour les journalistes qui ne peuvent dans ces situations se retrancher derrière un quelconque droit au secret. Il est certain que dans de nombreuses situations, les journalistes d'investigation ou ceux qui s'intéressent aux faits divers voire à la politique ou au sport, voient de leurs yeux des infractions se commettre mais répugnent à dénoncer les faits.

II – Les devoirs du journaliste professionnel

Le métier de journaliste est un métier difficile. Au nom de principes éthiques, une déontologie a été peu à peu définie afin d'établir une morale professionnelle et le respect des règles qui doivent se concilier avec le principe de liberté d'informer, de rapporter une information, de critiquer, de prendre des images, d'enregistrer des sons. D'une part, la profession reconnaît un certain nombre de principes et, d'autre part, la loi et la jurisprudence consacrent un certain nombre de ces principes.

Le syndicat national des journalistes français a rédigé une Charte des devoirs professionnels des journalistes français dès 1918. Elle a été complétée en 1939 et son texte intégral est le suivant :

« Un journaliste digne de ce nom prend la responsabilité de tous ses écrits, mêmes anonymes :

- tient la calomnie, les accusations sans preuves, l'altération des documents, la déformation des faits, le mensonge, pour les plus graves fautes professionnelles ;
- ne reconnaît que la juridiction de ses pairs, souveraine en matière d'honneur professionnel ;
- n'accepte que des missions compatibles avec la dignité professionnelle ;
- s'interdit d'invoquer un titre ou une qualité imaginaires, d'user de moyens déloyaux pour obtenir une information, ou surprendre la bonne foi de quiconque ;
- ne touche pas d'argent dans un service public ou une entreprise privée où sa qualité de journaliste, ses influences, ses relations, seraient susceptibles d'être exploités ;
- ne signe pas de son nom des articles de réclame commerciale ou financière ;
- ne commet aucun plagiat, cite les confrères dont il reproduit un texte quelconque ;
- ne sollicite pas la place d'un confrère, ni ne provoque son renvoi en offrant de travailler à des conditions inférieures ;
- garde le secret professionnel ;
- n'use pas de la liberté de la presse dans une intention intéressée ;
- revendique la liberté de publier honnêtement ses informations ;
- tient le scrupule et le souci de la justice pour des règles premières ;
- ne confond pas son rôle avec celui du policier ».

Par ailleurs, une déclaration des devoirs et des droits des journalistes, dénommée Charte de Munich, a été rédigée et approuvée dans la capitale bavaroise les 24 et 25 novembre 1971. Elle a été adoptée par la Fédération internationale des journalistes, par l'Organisation internationale des journalistes et la plupart des syndicats de journalistes d'Europe.

A – Le devoir de respecter la vérité

Le public est en droit de connaître la vérité. Le journaliste s'impose de « publier seulement les informations dont l'origine est connue ou dans le cas contraire les accompagner des réserves nécessaires » (Déclaration de Munich). Le traitement des sources se situe au centre de l'activité journalistique. La pratique professionnelle prévoit une procédure qui permet, tout à tour, d'identifier la source, de compléter l'information et de la confronter aux versions données par d'autres sources, afin d'approcher au plus près de la réalité des faits. Dans la pratique, le travail du journaliste se réduit aux deux premières opérations à cause de l'urgence.

Le journaliste professionnel par conséquent doit respecter l'obligation « ne pas supprimer les informations essentielles et de ne pas altérer les textes et documents ». Il s'agit donc pour le journaliste de ne pas inventer l'information, mais de bien l'élaborer, ce qui passe par un choix entre des éléments secondaires et principaux, un choix quant au titre à adopter, le devoir d'objectivité du journaliste s'impose également dans la présentation de l'information. Il ne doit pas prendre en compte son opinion et doit surtout mettre en avant plusieurs points de vue. La prudence est de rigueur !

Séparation du fait et du commentaire, c'est la tradition de la presse britannique, mais aussi des États-Unis et imitée dans la presse espagnole, allemande, italienne : on doit toujours présenter scrupuleusement les faits. Il est ensuite loisible, en effectuant une séparation nette pour le lecteur (ou l'auditeur) », de commenter ces faits. Selon C. P. Scott, le fondateur du *Guardian* « les faits sont sacrés, les commentaires sont libres ».

B. Guetta, qui fut correspondant du journal *Le Monde* à Washington, a pu relater ces éléments : « Il est absolument vrai que (la presse américaine) sait beaucoup mieux, premièrement y rapporter les faits, y exposer les faits tout simplement en termes techniques, et deuxièmement, que l'on s'attache à le faire avec un acharnement qui surprend les journalistes de la presse écrite française ».

Or, selon R. Cayrol, la presse est née en France presse d'opinion. Elle est restée marquée de notre « goût intellectuel pour l'analyse et de la soif du journaliste d'être un analyste, un intellectuel ». Si l'on prend la « une » du *Monde*, l'on s'efforce en vain de repérer cette séparation du fait et du commentaire. En ce sens, la différence avec le *New York Times* ou le *Financial Times* de Londres est flagrante.

Autre attitude attendue du journaliste : il ne doit pas déformer l'information en la citant hors contexte, ni déformer un long exposé en le résumant. Que celui-ci ne supprime pas les informations essentielles, qu'il n'altère pas les textes et documents.

On sait le rôle que peut jouer la presse dans le cadre des procès (altération de la sérénité de la Justice) et celui de la presse à scandale (atteinte aux droits à l'image, à l'honneur, à la réputation, plus généralement au secret de la vie privée). Tout citoyen a droit à un procès équitable, sans que juge ou jury ne soit influencé par la presse.

Dans l'hypothèse où le journaliste aurait trahi, pour une quelconque raison la vérité, il devra rectifier dès que possible. C'est le corollaire de la recherche de la vérité. La Déclaration de Munich attend du journaliste qu'il rectifie « toute information publiée qui se révèle inexacte ». C'est une obligation d'importance permettant de corriger des faits erronés pouvant avoir entraîné des erreurs matérielles et il n'existe pas de journaux qui ne commettent pas la moindre erreur. De plus, la plupart des législations nationales prévoient un droit de réponse qui permet à une personne touchée par un article ou une émission, de présenter sa propre version des faits et, dans certains cas, de faire-valoir son point de vue. Cependant, à la différence du droit de réponse, dont les conditions sont définies par la loi, le devoir de rectification est une obligation que le journaliste s'impose naturellement. Mais la mise en œuvre du devoir de rectification est pourtant rarement jugée satisfaisante par le public qui constate le fréquent déséquilibre entre l'importance donnée à l'information erronée et la discrétion de la rectification. Force est de constater, malgré tout, que dans sa prétention à la vérité, l'information est donc nécessairement soumise à une évaluation critique permanente.

La recherche de la vérité ne justifie pas le recours à tous les moyens pour l'obtenir. La Déclaration de Munich interdit l'usage de « méthodes déloyales pour obtenir des informations, des photographies et des documents ». On entend par là : le vol, le chantage, l'effraction, la corruption ou tout autre moyen dont l'usage est prohibé par la loi.

Par ailleurs, la déontologie interdit le plagiat. Cette pratique s'apparente davantage aux méthodes déloyales qu'aux autres dispositions figurant sous le même chiffre (respect de la personne et indépendance du journaliste). Le plagiat concerne de prime abord les relations entre journalistes. Cette pratique consiste à reprendre une information, des éléments d'un reportage, d'une enquête tout en omettant d'en citer la source. On peut donc considérer qu'un journaliste agissant délibérément de la sorte est l'auteur d'un comportement déloyal s'appartenant au vol.

B – Le devoir de respecter la personne humaine

Il s'agit d'un pilier prépondérant de la déontologie journalistique qui s'aligne sur deux principes du droit positif : le respect de la vie privée et la protection contre les atteintes à l'honneur. Le journaliste, qui n'a certes pas la même conception que le juge quant au droit du public à être informé, se doit de ne pas porter atteinte aux individus et ce au vu de la jurisprudence et autres textes normatifs explicites.

1 – Le respect de la vie privée

Autant la doctrine que la jurisprudence distinguent la sphère publique des individus, qui peut faire l'objet de l'attention légitime des journalistes, de leur sphère privée et intime, qui n'appartient qu'à eux seuls. La distinction est utile à la mise en œuvre des règles normatives du journalisme. Chaque situation est donc analysée de manière réfléchie surtout lorsqu'il s'agit de faire la différence entre la protection de la vie privée et l'intérêt public.

L'analyse au cas par cas s'avère nécessaire car on observe des différences selon les personnes en cause et selon les circonstances. Beaucoup de vedettes se prêtent volontairement à des atteintes à leur vie privée afin d'entretenir leur célébrité alors qu'il est difficile d'apprécier les atteintes à la vie privée des personnages publics, et tout particulièrement les personnalités politiques. Malgré la précision des lois et de la jurisprudence, le droit est davantage en mesure de sanctionner une mauvaise décision de la part d'un journaliste que de lui fournir tous les éléments d'un bon choix.

2 – Le respect de la présomption d'innocence

Cette notion d'importance est inscrite dans la Convention européenne des droits de l'homme (art. 6, alinéa 2). Il est vrai que cette disposition (« Toute personne accusée d'une infraction est présumée innocente jusqu'à ce que sa culpabilité ait été légalement établie ») s'applique en principe à l'État lui-même et à ses organes, et non aux médias et aux journalistes. Toutefois, il paraît admissible d'en retenir le principe dans la déontologie journalistique. En effet, la presse à défaut de convaincre les juges professionnels, peut influencer l'opinion publique par sa façon de résumer tels faits ou de présenter telle personne comme un soi-disant coupable. Ce n'est donc pas innocemment qu'en France la réforme du Code de procédure pénale de 1994 a prévu de remplacer la notion « d'inculpation » par celle de « mise en examen », jugée moins tendancieuse.

Aussi parce que le journaliste ne peut se montrer totalement discret et que le public a le droit d'être informé, la prise en considération de la présomption d'innocence passe par un usage contrôlé de la publication de l'identité des personnes accusées (par exemple : lors d'affaires relatives aux mœurs ou aux mineurs, les noms ne sont pas dévoilés).

Quelle que soit l'approche, la publication d'informations complètes, incluant l'identité des personnes, est assurée dans l'ensemble des situations sur lesquelles le public devrait être informé : lorsque l'accusé est investi d'une fonction publique et qu'il est poursuivi pour des actes contradictoires avec sa charge, lorsqu'il jouit d'une renommée indiscutable et qu'il existe une relation entre les actes qui lui sont reprochés et les activités auxquelles il doit d'être connu, lorsque l'identité de l'accusé a été révélée publiquement par une instance officielle, que lui-même l'a dévoilée ou qu'il a accepté qu'elle le soit et enfin lorsqu'un intérêt public important le justifie. Dans les autres cas de figure, la publicité par voie de presse constitue une atteinte à la présomption d'innocence.

3 – Le respect des victimes et du public

Les textes déontologiques récents concèdent une attention particulière à tout ce qui touche à l'information dans les situations de conflits armés, de catastrophes naturelles ou d'accidents et cette évolution signale le besoin d'adapter les normes professionnelles à l'information par l'image, dans la presse écrite autant qu'à la télévision.

L'exigence journalistique de donner aux évènements une touche humaine impose toutefois le respect des victimes, des personnes choquées, aussi bien sur les lieux de l'événement que par « l'image » qui en est donné par les médias. La notion de respect de la personne s'étend alors au-delà du cercle des acteurs, actifs ou passifs, de l'information, elle concerne tout autant le public. C'est pourquoi plusieurs législations nationales commandent de respecter les minorités ethniques ou autres et de ne pas discriminer quiconque, ce qui est abordé de manière trop concise par la Déclaration de Munich. D'ailleurs, certaines notions à respecter apparaissent dans différents pays aux cultures journalistiques distinctes et par ailleurs : le respect de la décence et du bon goût dans l'expression (notion d'« obscénité » dans la tradition américaine) ; dissuasion d'une « présentation exagérément sensationnelle de la violence et de la brutalité » dans le Pressekodex allemand etc.

Aussi, c'est pourquoi le journaliste est le premier responsable des faits qu'il rapporte tant dans le traitement de l'information que dans son comportement sur le terrain, mais la responsabilité des médias est aussi en jeu en tant qu'organisation et dans l'usage qu'ils font des textes et des images. Mais après tout, compte tenu du pluralisme de l'information, le public étant libre de lire ou de regarder ce qu'il veut, il lui incombe aussi une responsabilité : celle de choisir.

C – Le devoir d'indépendance

La Charte de 1918 mais aussi la Déclaration de Munich de 1971 insistent beaucoup sur l'exigence de l'indépendance du journaliste qui doit se manifester en toutes circonstances : le journaliste doit se montrer désintéressé et résister à toutes les pressions, notamment financières.

C'est l'un des aspects les plus perceptibles et les plus tangibles de l'indépendance du journaliste et il concerne principalement les relations avec ses sources. À ce propos, la Déclaration de Munich lui commande de s'interdire de « recevoir un quelconque avantage en raison de la publication ou de la suppression d'une information ».

L'avantage peut être aussi bien matériel que moral et dans son principe, la recommandation de la Déclaration est claire puisque dès qu'il s'agit de toucher de l'argent ou d'obtenir, par un marchandage, un avantage quelconque, le journaliste doit opposer le refus catégorique. Cependant, dans la pratique les situations sont plus ambiguës et la séduction s'exerce le plus souvent en vue d'obtenir un article favorable ou la publication d'une information intéressée.

Elle est la plupart du temps organisée par des agences de communication spécialisées pour le compte d'une entreprise, parfois d'une administration. Les seules parades qui semblent exister contre des sollicitations alléchantes semblent être de prévenir le lecteur qu'un reportage a été fait dans le cadre d'une invitation ce qui peut sous-entendre que certains journalistes ont profité de certains avantages ou bien, pour les grands journaux et à leurs frais, de déléguer de façon autonome des journalistes. Mais seules les grandes entreprises médiatiques peuvent se permettre un tel luxe.

Selon la même logique, la Déclaration de Munich ordonne aux journalistes de « refuser toute pression et n'accepter de directives rédactionnelles que de la part des responsables de la rédaction ». Les pressions peuvent s'exercer en vue de la parution d'un article ou pour obtenir l'abandon d'un sujet délicat. Elles relèvent des relations d'affaires, amicales ou extraprofessionnelles dans lesquelles sont engagés les dirigeants des médias. Pour le journaliste, ces pressions sont particulièrement gênantes lorsqu'elles sont exercées par des sources qui sont des passages obligés de l'information. Les pressions sont souvent issues du milieu politique ainsi qu'économique et elles commencent généralement par des dissuasions et s'achèvent par des procès. L'une des principales raisons qui concourt à la prolifération des affaires ruineuses est l'évolution de la législation, qui offre de meilleurs moyens de défense contre les atteintes portées par la presse, et dont il est parfois tentant d'abuser.

L'indépendance des journalistes est aussi en jeu dans les relations avec les clients annonceurs. La Déclaration de Munich commande de « ne jamais confondre le métier de journaliste avec celui du publicitaire ou du propagandiste », et de « n'accepter aucune consigne directe ou indirecte des annonceurs ».

Selon les règles que s'imposent les médias, ou qui leur sont imposées par la loi, une séparation restreinte et précisément signalée doit exister entre la partie rédactionnelle et le programme d'un côté, les espaces ou les séquences publicitaires de l'autre.

Dans la presse écrite, c'est surtout le « publi-reportage », genre métissé de journalisme et de publicité, qui sème le trouble. Il consiste pour un annonceur à acheter un espace de publicité dans un journal pour encenser ses produits soit par une image, soit par un texte qui a bien souvent l'aspect d'un article de la rédaction. En théorie, ce procédé doit être placé dans un espace habituellement réservé à la publicité. Il doit être clairement désigné comme tel, sa présentation et sa typographie doivent permettre au lecteur de le reconnaître et de le distinguer de la partie rédactionnelle. Il ne doit pas être signé par un rédacteur de la maison, ni même par un autre journaliste professionnel. Cependant, dans la pratique, ce n'est pas aussi limpide et souvent les annonceurs déploient toutes les astuces possibles et imaginables pour que leurs textes passent pour des articles rédactionnels.

Deuxième partie

Le droit des médias

4 LE DROIT DE LA PRESSE ÉCRITE

La nature particulière des entreprises de presse écrite fait qu'elles bénéficient d'un statut spécial. L'originalité de ce statut est principalement la conséquence des aides accordées par l'État qui exige dès lors des contreparties. En outre, la nécessité de préserver les principes généraux de la démocratie contre les atteintes du libéralisme débridé a conduit l'État à exiger le respect de certaines règles parmi lesquelles le pluralisme, la transparence, l'indépendance, la responsabilité. En toute hypothèse, cette complexité du droit des médias de presse écrite s'observe dès le niveau de la recherche de l'information par les agences de presse (I), au niveau du traitement de l'information par les entreprises de presse (II), au niveau du régime administratif de la presse écrite (III), au niveau du soutien économique (IV) à celui de la distribution (V).

I – Les agences de presse

A – Définition et statut

Le statut des agences de presse est, en France, prévu par une ordonnance du 2 novembre 1945 qui définit comme agences de presse « les organismes privés qui fournissent aux journaux et périodiques, des articles, informations, reportages, photographies et tous autres éléments de rédaction et qui tirent leurs principales ressources de ces fournitures ». Toutefois « ne peuvent se prévaloir… de l'appellation agence de presse que les organismes inscrits sur une liste établie sur la proposition » de la commission paritaire des publications et agences de presse. « L'inscription ne peut être refusée aux organismes remplissant les conditions prévues par la présente loi ». La liste est fixée par arrêté ministériel. En fait, il est admis que le bénéfice du statut d'agence de presse bénéficie aussi à certaines agences audiovisuelles.

Les agences de presse sont soumises à diverses obligations qui résultent notamment de la loi du 1er août 1986. S'agissant tout d'abord de la nécessaire transparence, la loi impose une double règle selon laquelle toutes les actions doivent être nominatives et non pas anonymes et toute cession d'action doit être soumise à l'agrément du conseil d'administration ou du conseil de surveillance. De surcroît, la loi exige pour toute agence de presse « de porter à la connaissance des lecteurs de la publication, dans le délai d'un mois à compter de la date à laquelle elle en acquiert elle-même la connaissance, ou lors de la prochaine parution de la publication : (i) toute cession ou promesse de cession de droits sociaux ayant pour effet de donner à un cessionnaire au moins un tiers du capital ou des droits de vote ; (ii) tout transfert ou promesse de transfert de la propriété ou de l'exploitation d'un titre de publication de presse ». Cette situation est celle où l'agence de presse édite elle-même des bulletins périodiques d'information et se comporte en véritable entreprise éditrice. Néanmoins, toute agence de presse doit avoir un directeur de publication afin notamment que puissent s'exercer les modalités de mise en jeu de la responsabilité. Selon l'ordonnance du 2 novembre 1945, les agences de presse, afin de préserver leur indépendance, ne peuvent se livrer à aucune forme de publicité ni fournir gratuitement des éléments de rédaction aux journaux et périodiques ou leur adresser « plus de huit envois par mois de spécimens d'épreuves photographiques, de clichés, de plans ». Par ailleurs, la loi fait interdiction aux agences sous réserve du paiement des prestations qu'elle assure, de recevoir directement ou indirectement des fonds ou avantages d'un gouvernement étranger ».

En contrepartie de ces règles strictes, le statut des agences de presse leur accorde des bénéfices économiques. D'une part, les agences sont exonérées de taxe professionnelle et bénéficient d'un taux réduit de TVA (5,5 %) et, d'autre part, elles bénéficient du tarif postal préférentiel pour les bulletins périodiques qu'elles éditent dans les mêmes conditions que les « journaux et écrits périodiques destinés à l'information du public ».

B – Le statut particulier de l'Agence France-Presse

L'agence France-Presse a été créée à titre provisoire par l'ordonnance du 30 septembre 1944. Héritière de l'agence HAVAS (1832) puis de l'Office français d'information, elle est restée sous contrôle direct de l'autorité politique jusqu'à la loi du 10 janvier 1957 qui a institué « un organisme autonome doté de la personnalité civile et dont le fonctionnement est assuré par les règles commerciales » ce qui en fait une catégorie juridique originale et unique à ce jour. Il s'agissait surtout d'assurer l'indépendance d'une agence de presse française face aux agences britanniques (Reuters) ou américaines (AP). La mission de l'AFP est tout simplement « de rechercher tant en France et dans l'ensemble de l'union française qu'à l'étranger, les éléments d'une information complète et objective » mais aussi de « mettre contre payement cette information à la disposition des usagers ». Pour cette raison l'AFP « ne peut, en aucune circonstance, tenir compte d'influences ou de considérations de nature à compromettre l'exactitude ou l'objectivité de l'information ; elle ne doit en aucune circonstance, passer sous le contrôle de droit ou de fait d'un groupement idéologique, politique ou économique ».

Par ailleurs, l'AFP « doit dans toute la mesure de ses ressources, développer son action et parfaire son organisation, en vue de donner aux usagers français et étrangers, de façon régulière et sans interruption, une information exacte, impartiale et digne de confiance ». Elle doit enfin « dans la mesure de ses ressources, assurer l'existence d'un réseau d'établissement lui conférant le caractère d'un organisme d'information à rayonnement mondial ». Pour parvenir à ces fins ambitieuses, l'AFP dispose d'un conseil supérieur composé de 8 membres parmi lesquels un conseiller d'État, un magistrat de la Cour de cassation, quatre professionnels et deux personnalités cooptées. Ce conseil supérieur surveille le respect des dispositions légales par le conseil d'administration composé de 15 membres, essentiellement des professionnels mais aussi des représentants des services publics usagers de l'agence. L'AFP est gérée par le conseil d'administration lequel élit son président directeur général pour une période de trois ans renouvelable. Enfin, il existe une commission financière composée de 3 membres dont deux sont issus de la Cour des comptes et le troisième est désigné par le ministre des finances. Cette commission vérifie en permanence la gestion financière de l'agence dont les ressources sont constituées « par le produit de la vente des documents et services d'information à ses clients et par le revenu de ses biens ».

II – Les entreprises de presse écrite

Les premiers fondements d'un statut des entreprises de presse écrite ont été mis en place après la deuxième guerre mondiale dès une ordonnance du 26 août 1944. Ce statut dérogatoire du droit commun des entreprises a été motivé par les craintes du pouvoir politique à l'égard de la presse d'opinion mais aussi de manière ambiguë et paradoxale par la volonté de faire respecter le pluralisme des opinions. La loi du 23 octobre 1984 n'a pas fait évoluer le statut des entreprises de presse mais a instauré une réglementation stricte aux fins de garantir la transparence et le pluralisme. Toutefois, il s'agissait surtout de limiter l'empire de presse d'un seul homme, Robert Hersant, et les principales dispositions de la loi ont été censurées par le Conseil constitutionnel. La loi du 1er août 1986, d'inspiration plus libérale, a donné une définition précise des entreprises de presse écrite et précisé les obligations particulières à leur charge en matière de transparence, d'indépendance et de pluralisme.

L'article 1 de la loi du 1er août 1986 dispose : « au sens de la présente loi, l'expression » publication de presse « désigne tout service utilisant un mode écrit de la pensée mis à la disposition du public en général ou de catégories de publics et paraissant à intervalles réguliers ».

Selon l'article 2 alinéa 2 de la même loi, l'expression « entreprise éditrice » « désigne toute personne physique, morale ou groupement de droit éditant, en tant que propriétaire ou locataire-gérant, une publication de presse ».

A – La transparence et l'indépendance financière des entreprises de presse écrite

Pour imposer la transparence, la loi nouvelle interdit les opérations de prête-nom à toute entreprise éditrice « en simulant la souscription d'actions ou de parts, l'acquisition ou la location-gérance d'un fonds ou d'un titre » (art. 3). La loi impose en second lieu, la forme nominative des actions dans son article 5. Cette obligation était déjà prévue à l'article 6 de l'ordonnance de 1944 et à l'article 4 de la loi du 23 octobre 1984 et son maintien était indispensable à toute recherche de transparence.

La loi innove surtout avec ses articles 5 et 6 qui imposent qu'un certain nombre de renseignements soient obligatoirement apportés à la connaissance des lecteurs :

- si l'entreprise éditrice n'est pas dotée de la personnalité morale, les nom et prénom du propriétaire ou du principal propriétaire ;
- si l'entreprise éditrice est une personne morale, sa dénomination ou sa raison sociale, son siège social, sa forme et le nom de son représentant légal et de ses trois principaux associés ;
- le nom du directeur de la publication et celui du responsable de la rédaction.

De même, toute entreprise éditrice doit porter à la connaissance de ses lecteurs, dans un délai d'un mois ou lors de la prochaine parution :

- toute cession ou promesse de cession de droits sociaux ayant pour effet de donner à un cessionnaire au moins un tiers du capital social ou des droits de vote ;
- tout transfert ou promesse de transfert de la propriété ou de l'exploitation d'un titre de publication de presse.

La loi de 1881, modifiée en 1952, n'était plus adaptée aux complexités modernes du droit des sociétés et se contentait de prévoir la responsabilité du directeur de publication sans définir cette notion. La nouvelle loi précise que : « lorsqu'une personne physique est propriétaire ou locataire-gérant d'une entreprise éditrice au sens de la loi du 1er août 1986 ou en détient la majorité du capital ou des droits de vote, cette personne est directeur de la publication. Dans les autres cas, le directeur de la publication est le représentant légal de l'entreprise éditrice ». Toutefois, dans les sociétés anonymes « le directeur de la publication est le président du directoire ou le directeur général unique ».

L'article 6 de la loi du 29 juillet 1881 prévoyait l'hypothèse de l'immunité parlementaire du directeur de la publication et l'obligation dans ces conditions de la désignation d'un codirecteur. Le nouveau texte procède à une actualisation en étendant ces mesures à l'immunité parlementaire prévue par les articles 9 et 10 du Protocole du 8 avril 1965 sur les immunités et privilèges des communautés européennes.

L'ordonnance du 26 août 1944 disposait déjà que tous les propriétaires, associés, actionnaires, commanditaires, bailleurs de fonds ou autres participants à la vie financière d'une publication, devaient être de nationalité française. La nouvelle loi a repris dans son article 7 ce principe en l'adaptant. Le Sénat avait proposé de maintenir l'exigence de la nationalité française en ce qui concerne les publications de presse d'informations politique et générale de langue française et proposé une limitation de la participation des étrangers dans le capital des entreprises éditant d'autres publications. Au cours des débats parlementaires, l'Assemblée nationale a proposé d'assouplir le texte du Sénat en renonçant à la distinction entre publication d'informations politique et générale et les autres publications. En outre, le texte définitivement adopté ne vise que les acquisitions et non les créations et il ne limite pas les interventions d'étrangers à une seule entreprise. Ce texte de la nouvelle loi s'applique pour toutes les publications de langue française quel que soit leur contenu en interdisant la prise de participation étrangère de plus de 20 % du capital social ou des droits de vote. La loi précise enfin qu'elle considère comme étrangère toute société dont la majorité du capital social ou des droits de vote est détenue par des étrangers ainsi que toute association dont la majorité des dirigeants est étrangère.

L'article 8 de la loi interdit par ailleurs « à toute entreprise éditrice, sous réserve du paiement des prestations qu'elle assure, ou à l'un de ses collaborateurs, de recevoir directement ou indirectement des fonds ou avantages d'un gouvernement étranger ».

Par ailleurs, la loi interdit à toute entreprise éditrice ou à l'un de ses collaborateurs de recevoir ou de se faire promettre une somme d'argent, ou tout autre avantage, aux fins de travestir en information de la publicité financière. « Tous ceux qui auront promis ou versé, accepté de recevoir ou reçu une somme d'argent ou un avantage » selon le texte de la proposition sénatoriale, encourent une condamnation de deux mois à un an de prison et une amende de 1 524 euros à 30 489 euros ou l'une des deux peines seulement. Cette interdiction figurait en fait déjà à l'article 14 de l'ordonnance du 26 août 1944 sans avoir été abrogée par la loi du 23 octobre 1984. Enfin, tout article de publicité à présentation rédactionnelle doit, aux termes de la loi, être précédé de la mention « publicité » ou « communiqué ». Les directeurs de publication qui auront enfreint les dispositions seront punis d'une amende de 1 524 euros à 6 098 euros.

Toutes les dispositions relatives à la transparence financière des entreprises de presse ont été admises par le Conseil constitutionnel en 1986. Le Conseil a estimé notamment que « loin de s'opposer à la liberté de la presse ou de la limiter, la mise en œuvre de l'objectif de transparence financière tend à renforcer un exercice effectif de cette liberté en mettant les lecteurs à même d'exercer leur choix de façon vraiment libre et à l'opinion à même de porter un jugement éclairé sur les moyens d'informations qui lui sont offerts par la presse écrite ».

B – Le pluralisme de la presse

Si les dispositions relatives à la transparence ne posaient que peu de problèmes, en revanche celles relatives à la concentration et au pluralisme des entreprises de presse ont été âprement discutées avant d'être annulées par le Conseil constitutionnel.

Les sénateurs dans leur proposition de la loi avaient élaboré un dispositif destiné à limiter la concentration des entreprises de presse. Celui-ci ne concernait que les quotidiens d'informations politique et générale. Les sénateurs avaient fixé à 30 % de la diffusion de l'ensemble des quotidiens ayant le même contenu rédactionnel le seuil au-delà duquel la concentration était interdite et pouvant donner lieu à des poursuites pénales. La commission spéciale n'avait pas repris ce raisonnement car entre le dépôt de la proposition de loi et la discussion du texte en commission, un fait nouveau était intervenu : l'octroi de la concession de la cinquième chaîne de télévision au groupe franco-italien de Silvio Berlusconi. Dès lors, le Sénat a préféré envisager une solution radicalement différente à savoir celle de privilégier, au contraire, les concentrations et favoriser l'émergence et la solidité de groupes multimédias. Selon les observateurs, le Sénat aurait purement et simplement supprimé ce plafond « à partir du moment où l'on s'est avisé que le groupe Hersant avait déjà atteint le seuil de 38 % pour les quotidiens nationaux et 20 % pour les régionaux ». En fait, l'abandon de cette disposition tendant à limiter la concentration des entreprises de presse, risquait d'être inconstitutionnelle au regard de la décision rendue les 10 et 11 octobre 1984 par le Conseil constitutionnel, le pluralisme ayant été reconnu comme ayant une valeur supralégale devant être imposée par le législateur.

Le texte définitif de la loi du 1er août 1986 a interdit « à peine de nullité, l'acquisition d'une publication quotidienne d'information politique et générale ou la majorité du capital social ou des droits de vote d'une entreprise éditant une publication de cette nature, lorsque cette acquisition aurait pour effet de permettre à l'acquéreur de détenir plus de 30 % de la diffusion totale sur l'ensemble du territoire national des quotidiens d'information politique et générale, appréciée sur les douze derniers mois comme précédant la date d'acquisition ».

Le Conseil constitutionnel a estimé que cet article, le onzième de la loi, n'était pas conforme à la Constitution. Du même coup, le paragraphe 5 de l'article 12 de la loi qui sanctionnait pénalement l'interdiction édictée par l'article 11 est annulé. Enfin, l'article 21 qui abrogeait en totalité l'ordonnance du 26 août 1944 sur l'organisation de la presse française et la loi du 23 octobre 1984 « visant à limiter la concentration et à assurer la transparence financière et le pluralisme des entreprises de presse » est lui aussi déclaré non conforme à la Constitution. Le Conseil a rappelé dans sa décision, dans les mêmes termes qu'il avait utilisés en 1984 que « le pluralisme des quotidiens d'information politique et générale est en lui-même un objectif de valeur constitutionnelle ». Le Conseil a fait référence à l'article 11 de la Déclaration des droits de l'homme et du citoyen de 1789 qui exige que les lecteurs « soient à même d'exercer leur libre choix sans que ni les intérêts privés ni les pouvoirs publics puissent y substituer leurs propres décisions, ni qu'on puisse en faire l'objet d'un marché ». Le Conseil a dès lors admis le principe, ce qu'il avait déjà fait en 1984, de l'interdiction au-delà d'un certain seuil. Toutefois, il a semble-t-il constaté que l'interdiction édictée par la loi était purement formelle et ne sanctionnait « le dépassement du seuil de 30 % et a fortiori l'acquisition d'un quotidien existant par une entreprise qui édite des publications de cette nature dont la diffusion excède d'ores et déjà ce seuil, que pour autant que le dépassement profiterait à l'acquéreur lui-même » et que « le texte ne prévoit pas que cette prohibition s'applique à une personne morale ou physique juridiquement distincte de l'acquéreur, quand bien même ce dernier serait sous son autorité ou sa dépendance ». Dans ces conditions, le Conseil a estimé que l'article 11 ne garantissait pas suffisamment le pluralisme de la presse et qu'il avait même pour effet, par sa combinaison avec l'abrogation de la législation antérieure, de « priver de protection légale un principe de valeur constitutionnelle ».

Dans ces conditions, le législateur, par la loi du 27 novembre 1986, a complété la loi du 1er août 1986 en limitant les concentrations, pour la presse d'information politique et générale quotidienne, sur deux points principaux : elle étend la notion de contrôle indirect aux personnes physiques ou morales. Désormais, pour cette catégorie de presse, nul ne peut acquérir la propriété, le contrôle direct ou indirect ou l'édition en location-gérance de publications dont la diffusion nationale excéderait 30 % de la diffusion, en France, de toutes les publications de cette nature. Ce seuil de diffusion est apprécié sur les douze derniers mois connus précédant la date d'acquisition, de prise de contrôle ou de prise en location-gérance.

Ce contrôle s'apprécie au regard de la loi de 1966, selon laquelle une société en contrôle une autre notamment « lorsqu'elle détient directement ou indirectement une fraction du capital lui conférant la majorité des droits de vote dans les assemblées générales ».

Enfin, les dispositions limitant les concentrations multimédias n'interdisent pas la multiplicité des activités médiatiques d'un même groupe. Les seuils et interdictions retenus laissent notamment aux entreprises de presse, la possibilité d'éditer, dans une région, une publication quotidienne et d'exploiter, dans la même zone, une télévision hertzienne dès lors qu'elles s'abstiennent de toute activité dominante en matière de radio.

III – Le régime administratif de la presse écrite

Le régime administratif de la presse écrite reste ambigu. Compte tenu du principe général de liberté de la presse, il ne devrait pas subsister de nos jours de contrôle administratif des médias, qu'il soit préalable ou préventif. Il ne devrait exister qu'un régime répressif de contrôle *a posteriori* conformément au principe de responsabilité.

A – La police administrative de la presse

L'article 5 de la loi du 29 juillet 1881 pose le principe que « tout journal ou écrit périodique peut être publié, sans autorisation préalable et sans dépôt de cautionnement, après la déclaration « au parquet du procureur de la république ». Il s'agit d'un régime de simple déclaration et non pas un régime d'autorisation ce qui respecte parfaitement le principe de liberté. Quelques formalités toutefois s'imposent comme l'obligation de déclarer le nom du directeur de la publication, du titre de la publication et l'indication de l'imprimeur. Par ailleurs, un dépôt légal est obligatoire auprès de la Bibliothèque nationale de France, au ministère de l'Intérieur, à la préfecture (dépôt administratif) chez le procureur de la république (dépôt judiciaire).

Les autorités de police peuvent prendre des mesures restrictives de la liberté de la presse dans des cas exceptionnels lorsque l'ordre public est menacé. Ces mesures doivent être indispensables et adaptées. La jurisprudence a précisé les conditions dans lesquelles de telles mesures peuvent être prises pouvant aller d'une interdiction partielle de vente à une saisie. La saisie des journaux peut être autorisée par les autorités judiciaires, en principe, mais dans les cas exceptionnels par l'autorité administrative. Les pouvoirs exercés par les autorités de police sont soumis au contrôle du juge administratif et du juge judiciaire en cas de voie de fait ou d'action de police judiciaire.

Enfin, dans certaines circonstances exceptionnelles dont les hypothèses sont prévues par les textes, l'administration peut valablement restreindre la liberté d'expression dans des conditions qui, en période normale, seraient déclarées irrégulières par le juge. Ainsi, en cas de guerre, en cas de période d'état de siège, en cas d'état d'urgence, en cas d'application de l'article 16 de la Constitution du 4 octobre 1958 ou après autorisation par une loi spéciale, une censure préalable est instituée.

Toutes ces hypothèses ne doivent pas faire oublier, en dépit de leur caractère drastique, que le principe, en matière de police, reste celui de la liberté.

B – Les régimes particuliers à certaines catégories de publications

Certaines sont considérées comme dangereuses en raison, soit de la fragilité de leurs lecteurs, soit de leur origine et des intérêts étrangers qu'elles sont susceptibles de privilégier.

1 – Les publications destinées à la jeunesse font l'objet d'une loi spéciale du 16 juillet 1949. Une commission chargée de la surveillance et du contrôle des publications destinées à l'enfance et à l'adolescence, et composée de représentants de l'administration, de personnes qualifiées, d'éditeurs et auteurs et de parlementaires, signale aux autorités compétentes les infractions à la loi de 1949 ainsi que tous faits susceptibles de nuire, par voie de presse, à la jeunesse. Le régime administratif des publications destinées à l'enfance et à l'adolescence est très strict et dès la parution du périodique, cinq exemplaires doivent être obligatoirement déposés au ministère de la justice. La loi réprime les « illustrations, récits, chroniques, rubriques, insertions présentant, sous un jour favorable, le banditisme, le mensonge, le vol, la paresse, la lâcheté, la haine, la débauche ou tous autres actes qualifiés crimes ou délits, ou de nature à démoraliser l'enfance ou la jeunesse ou à inspirer ou entretenir des préjugés ethniques ». En outre, depuis la loi du 4 janvier 1967, le ministère de l'Intérieur peut prendre des mesures particulières et préventives à l'égard des publications destinées aux adultes mais qui risquent d'être dangereuses pour de jeunes lecteurs qui en auraient connaissance. Ainsi le ministre peut interdire la vente ou interdire la publicité ou l'exposition de toutes les publications « dangereuses » selon sa propre conception, sous le contrôle du juge administratif.

2 – Les publications étrangères font, elles aussi, l'objet d'une attention toute particulière des pouvoirs publics depuis un décret-loi imposé par la conjoncture politique le 6 mai 1939. Les publications rédigées en langue étrangère ou les publications contrôlées par des personnes ou groupes étrangers, ou « matériellement et intellectuellement de provenance étrangère » peuvent être interdites par le ministre de l'intérieur en raison du danger présenté pour l'ordre public et sans aucun contrôle possible du juge administratif. Cette mesure d'interdiction s'accompagne de saisies administratives et de sanctions pénales.

IV – Les aides de l'État à la presse écrite

La presse écrite connaît d'énormes difficultés financières depuis de nombreuses années. Même des journaux très réputés jadis pour leur rentabilité sont désormais déficitaires. Cette situation s'explique par la concurrence des gratuits et de la presse multimédia mais aussi par l'augmentation considérable des coûts de production intellectuelle (rédaction et charges salariales, documentation, frais d'administration et frais financiers), celle des coûts de production matérielle (poids des investissements pour l'impression, hausse considérable du prix du papier) et celle des coûts de distribution. Le produit spécifique de l'entreprise de presse, un quotidien ou un hebdomadaire, son caractère très rapidement périssable, font que le nombre des produits invendus est très élevé (en moyenne 15 %). Enfin, la presse connaît de graves difficultés de financement : bien que le prix des journaux soit en constante augmentation, surtout depuis 1972, ce prix est insuffisant pour couvrir la hausse des coûts de production.

La presse tente de s'adapter en augmentant ses recettes publicitaires. Et pourtant, en France, les observateurs parlent encore d'un « sous-développement publicitaire ». Si l'on excepte le cas unique du *Canard enchaîné* qui se passe de publicité, la presse quotidienne française tire en moyenne plus de 50 % de ses ressources de la publicité : 80 % pour *Le Figaro*, 65 % pour *Le Monde*, 60 % pour *France Soir*, 10 % pour *La Croix*, entre 40 % et 50 % pour la presse de province. La proportion est la même en ce qui concerne les périodiques.

Les difficultés financières des entreprises de presse et les effets négatifs du recours à la publicité — qui est sélective dans le choix des supports — entraînent depuis la libération, le phénomène souvent décrié de concentration de la presse. Les journaux, en effet, ont intérêt à se concentrer pour rationaliser leurs charges. Cette concentration, en France, ne conduit pas encore à une situation de monopole mais à une situation oligopolistique sauf, peut être, en ce qui concerne la presse régionale qui tend davantage vers le monopole. Dans cette hypothèse, la constitution de groupes de presse, importants et capables de s'implanter dans une région où ils ne diffusaient pas, peut constituer paradoxalement une garantie de pluralisme.

Dans ces conditions, il n'est pas surprenant que la presse écrite ait besoin de l'aide de l'État. Cette aide est directe ou indirecte.

A – Les aides directes : les subventions

Les aides directes s'expriment par l'inscription de crédits au budget de l'État. Elles sont de plusieurs ordres. Tout d'abord, un certain nombre d'aides économiques sont accordées pour des objets spécifiques. Ainsi la distribution de presse fait l'objet d'une subvention directe avec l'aide au portage qui permet à certaines publications, qui en font la demande, de percevoir des crédits en fonction du nombre d'exemplaires distribués. De même, un fonds spécial d'aide au portage permet à l'État de rembourser aux entreprises de presse quotidienne nationale qui en font la demande, les cotisations de sécurité sociale dues pour les vendeurs-colporteurs de presse et les porteurs de presse quotidienne assimilés.

De la même manière l'État, pour encourager la diffusion de la presse française à l'étranger, peut rembourser les frais exposés par les entreprises exportatrices et les organismes se livrant à la publicité ou à la propagande, ou peut verser des indemnités compensatrices pour les frais de transport. Des aides directes sont également accordées pour des subventions à l'achat de matériel d'imprimerie, pour faciliter les transports ferroviaires, pour acquérir le papier journal.

Mais les aides directes à la presse écrite ont pris depuis 1982 une importance considérable avec quatre dispositifs. Tout d'abord depuis un décret du 26 mars 1982, une aide est accordée aux quotidiens nationaux d'information politique et générale à faibles ressources publicitaires. Pour bénéficier de l'aide, ces quotidiens doivent avoir un tirage moyen inférieur à 250 000 exemplaires et des recettes de publicité inférieures à 25 % de leurs recettes totales. L'aide est accordée par la Direction du développement des médias rattachée aux services du Premier ministre. Le montant de l'aide est une variable tenant compte du chiffre de diffusion, du prix de vente et du nombre d'exemplaires effectivement vendus.

Par ailleurs, un décret de 1989 a institué une aide spécifique pour les quotidiens régionaux, départementaux et locaux d'information politique et générale à faibles ressources de petites annonces. Cette aide est accordée aux quotidiens régionaux, départementaux et locaux dont le tirage moyen n'excède pas 70 000 exemplaires et dont les recettes hors taxe de petites annonces ont représenté moins de 5 % de l'ensemble de leurs recettes publicitaires pour l'exercice précédant l'année d'attribution de l'aide.

Une aide spéciale est, par ailleurs, accordée pour la presse hebdomadaire régionale et locale. Selon le décret de 1996 qui l'institue, les publications bénéficiaires doivent, entre autres conditions, être écrites en langue française, apporter de manière permanente sur l'actualité politique et générale, locale, nationale ou internationale, des informations et des commentaires tendant à éclairer le jugement des citoyens et consacrer la majorité de leur surface rédactionnelle à cet objet. L'aide attribuée est fonction de la diffusion, du prix de vente moyen et du nombre d'exemplaires vendus.

Enfin, depuis 1997, l'État a créé un fonds de modernisation de la presse quotidienne et assimilée d'information politique et générale. Il s'agit de financer les projets de modernisation des agences de presse et des entreprises éditrices afin d'augmenter en productivité, réduire leurs coûts, améliorer leur produit. La subvention est accordée après avis d'un comité d'orientation qui examine les aspects comptables et financiers du projet. L'aide est plafonnée à 50 % au maximum pour certaines dépenses éligibles pour des projets collectifs.

B – Les aides indirectes

Les aides indirectes ne peuvent donner lieu qu'à des estimations car elles constituent des abattements ou exonérations divers. En matière de fiscalité, les entreprises de presse et les agences de presse disposent de nombreux avantages. En premier lieu, elles bénéficient d'une exonération de taxe professionnelle (art. 1458 CGI) sous certaines conditions, notamment pour les entreprises de presse qui doivent impérativement être éditrices de feuilles périodiques qu'il s'agisse de journaux ou de revues. Les coopératives de distribution mais aussi les imprimeurs et les brocheurs peuvent en bénéficier. En second lieu, la réglementation fiscale offre la possibilité aux entreprises qui exploitent « soit un journal, soit une publication mensuelle ou bimensuelle, consacrée pour une large part à l'information politique », de constituer des provisions spéciales fiscalement appelées provisions réglementées (art. 39 bis, 39 bis A CGI). Ces provisions présentent l'intérêt d'être déductibles du résultat imposable. Elles doivent être constituées en vue de faire face à certaines dépenses prévues par la loi consistant en l'acquisition d'éléments d'actif mobiliers ou immobiliers strictement nécessaires à l'exploitation d'un journal ou de la publication. Les sommes déductibles sont limitées à 30 % du bénéfice de l'exercice concerné pour la généralité des publications et à 60 % pour les quotidiens. Ce pourcentage est porté à 80 % pour les quotidiens dont le chiffre d'affaires est inférieur à 8 millions d'euros. Néanmoins, la provision déductible n'est utilisable que dans une certaine limite pour chaque acquisition ou investissement projeté. Cette limite est fixée à 40 % pour la généralité des publications et à 90 % pour les quotidiens et publications assimilées, à diffusion départementale ou régionale, consacrées principalement à l'information politique et générale. Enfin, les provisions sont reportables dans la limite de cinq ans.

En troisième lieu, les entreprises de presse bénéficient d'un statut dérogatoire en matière de fiscalité indirecte. Ainsi, les opérations de vente, commissions, courtages portant sur certaines publications sont soumises au taux minoré de TVA de 2,10 % (1,05 % en Guadeloupe, Martinique et Réunion). Par ailleurs, les opérations de composition et d'impression des écrits périodiques sont soumises au taux réduit de 5,5 % de même que les opérations de cession ou de rétrocession d'articles, reportages, photographies, dessins entre entreprises de presse. Enfin, certaines opérations de vente, commissions et courtages portant sur les annuaires ou certaines publications édités par les collectivités ou établissements publics à caractère administratif sont exonérées de TVA. De même, sont dispensées de TVA les opérations d'entremise accomplies par des mandataires inscrits au Conseil supérieur des messageries de presse lorsqu'elles concernent des écrits périodiques.

Pour bénéficier de ces avantages fiscaux, les journaux et publications doivent présenter un intérêt général quant à la diffusion de la pensée : institution, éducation, information, récréation du public et avoir au plus 2/3 de leur surface consacrés à la publicité, aux annonces judiciaires et légales et aux annonces classées sans que ces dernières excèdent la moitié de la surface totale. Les suppléments et hors série, à condition de ne pouvoir être vendus séparément ou par abonnement séparé, bénéficient des mêmes exonérations. D'autres publications présentant un intérêt syndical, professionnel, humanitaire, politique, scolaire (art. 73 annexe III CGI) peuvent aussi bénéficier sous certaines conditions des exonérations.

V – Droit de la distribution de presse écrite

Le principe de liberté de la presse inclut également celui de la liberté de diffusion. Ainsi l'article 1 de la loi du 2 avril 1947 rappelle que « la diffusion de la presse imprimée est libre ». Toute entreprise de presse peut donc distribuer ses publications « par les moyens qu'elle jugera les plus convenables ». Elle peut choisir la vente au numéro, la diffusion par abonnement et le portage.

A – La vente au numéro

Si l'on excepte quelques rares entreprises de presse qui diffusent par elles-mêmes leurs publications, la plupart choisissent de confier la distribution à des sociétés coopératives de messagerie de presse afin notamment d'économiser sur le transport en direction de plus de 40 000 points de vente en France. Cette forme juridique de société coopérative imposée par le législateur est destinée à garantir une égalité de traitement pour l'ensemble des titres distribués. L'objet des sociétés coopératives de distribution est « limité aux seules opérations de distribution et de groupage des journaux et publications périodiques, édités par les associés de la société coopérative » bien que curieusement la loi permette aux sociétés coopératives « de confier l'exécution de certaines opérations matérielles à des entreprises commerciales » à conditions toutefois qu'elles disposent d'une « participation majoritaire dans la direction de ces entreprises » commerciales. La loi dispose en outre que « le capital social de chaque société coopérative ne peut être souscrit que par les personnes physiques ou morales propriétaires de journaux et périodiques qui auront pris l'engagement de conclure un contrat de transport (ou de groupage et de distribution) avec la société. En contrepartie, afin d'empêcher toute discrimination, toute entreprise éditrice qui se soumet aux tarifs proposés et accepte de conclure le contrat de transport ou groupage et distribution, est obligatoirement admise comme sociétaire. En revanche, sont exclues les entreprises éditrices qui auront fait l'objet d'une condamnation pour outrage aux bonnes mœurs ou fait l'objet de deux des interdictions prévues à l'article 14 de la loi du 16 juillet 1949 relative aux publications destinées à la jeunesse. Chaque sociétaire dispose d'une seule voix au sein de l'assemblée générale de la société coopérative quel que soit le nombre de parts sociales dont il dispose.

La société coopérative qui publie ses comptes chaque année est, par ailleurs, contrôlée par le Conseil supérieur des messageries de presse dont le rôle « est de coordonner l'emploi des moyens de transports à longue distance utilisés par les sociétés coopératives de messagerie de presse, de favoriser l'application de la loi et d'assurer le contrôle comptable par l'intermédiaire de son secrétariat permanent ». En outre, le Conseil est habilité à nommer un commissaire auprès de chaque société coopérative. Il peut s'opposer à toute décision susceptible d'altérer le caractère coopératif de la société ou qui serait de nature à compromettre son équilibre financier. Le Conseil supérieur des messageries de presse dispose enfin d'une commission permanente chargée de donner un avis sur les propositions émises par les sociétés commerciales de distribution et de groupage en ce qui concerne les nominations et les mutations des dépositaires centraux et les implantations des sous-dépositaires et diffuseurs de presse. Les premiers sont chargés de recevoir en dépôt les publications et de pourvoir à l'approvisionnement des diffuseurs. Dans la plupart des cas, ce dépositaire central exploite personnellement un magasin de vente au détail. Dans ce cas, sa commission est fixée au maximum à 23 % du prix public du journal ou périodique sauf dans les villes de plus de 500 000 habitants ou une majoration de 5 % peut être appliquée. Dans le cas où le dépositaire central n'exploite pas de magasin de vente au public, sa commission est de 24 % pour les quotidiens au maximum et 29 % au maximum pour les périodiques. Les diffuseurs de presse qu'ils soient en magasin, en boutique ou en kiosque bénéficient d'une commission maximum de 15 % plus 5 % pour les seuls périodiques dans les villes de plus de 500 000 habitants. La loi autorise enfin la distribution par vendeurs colporteurs, travailleurs indépendants déclarés en préfecture ou en mairie, qui exercent sur la voie publique et dont la commission ne peut excéder 18 % du prix des quotidiens et 20 % de celui des autres publications. Le vendeur colporteur parisien peut bénéficier d'une majoration de 5 % du prix public.

B – La diffusion par abonnement et le portage

La diffusion par abonnement présente des avantages financiers et commerciaux pour les entreprises éditrices qui peuvent, dès lors, mieux prévoir leurs ressources et mieux préparer leur budget. C'est pourquoi les propositions d'abonnement sont souvent offertes aux lecteurs avec des réductions tarifaires ou des cadeaux promotionnels. Les publications distribuées par abonnement font l'objet d'une procédure de tri appelée routage qui obéit à des règles spécifiques. Par ailleurs, afin de bénéficier de tarifs postaux préférentiels, les publications doivent respecter des règles strictes de conditionnement (film transparent), de présentation (bandeau), de mentions obligatoires etc.

Le portage est « le mode de distribution de la presse effectué par l'éditeur ou toute personne commise à cet effet, consistant à livrer, par tous les moyens, autres que celui du service obligatoire du transport de presse exécuté par la poste, des exemplaires de chaque numéro d'une publication au domicile de l'acheteur qui a souscrit un abonnement payant, que celui-ci soit individuel, collecté ou collectif ». Ce système permet à l'abonné d'avoir son quotidien tous les matins très tôt dans la boîte aux lettres sans être soumis aux incertitudes et vicissitudes de la livraison postale. Le porteur peut exercer son activité à titre de travailleur indépendant ou salarié. Dans le premier cas, il est rémunéré à la commission comme s'il s'agissait d'un colporteur et bénéficie, en outre, de la couverture assurance-maladie de la sécurité sociale.

5

LE DROIT DE LA COMMUNICATION AUDIOVISUELLE

Depuis l'invention de la radiodiffusion, le régime juridique de la communication audiovisuelle a beaucoup évolué. Tout d'abord, la limitation des ondes hertziennes a conduit l'État à réglementer leur utilisation tout autant que la crainte que leur inspiraient les utilisateurs. Mais les progrès de la démocratie, de la technique, ont conduit l'État à libérer progressivement les ondes pour la radiodiffusion puis pour la télévision. Désormais coexistent deux secteurs, l'un public, l'autre privé. Le régime du cinéma est un régime particulier. L'ensemble de ces trois domaines constitue le paysage audiovisuel français.

I – Le paysage audiovisuel français

Le paysage audiovisuel français est marqué par le maintien du dualisme entre secteur privé et secteur public de la communication audiovisuelle.

A – Le secteur public de la radiotélévision française

Le secteur public de la radiotélévision française a été maintenu par la loi du 30 septembre 1986 presque comme s'il s'agissait d'un secteur résiduel. Mais depuis la loi du 1er août 2000, les missions de service public qui incombent à ce secteur, ont été rappelées. Il s'agit essentiellement, dans le respect des principes classiques d'objectivité, d'égalité, de continuité et d'adaptation, d'offrir au public un ensemble de programmes caractérisés par leur diversité et leur pluralisme ainsi que par leur respect de la qualité, de l'innovation, des droits de la personne et des principes démocratiques, de l'insertion sociale, de la citoyenneté. Il s'agit, par ailleurs, de promouvoir la langue française, de mettre en valeur le patrimoine culturel et linguistique dans sa diversité régionale et locale, de développer et diffuser la création intellectuelle et artistique, aux médias, les connaissances civiques, économiques, sociales, scientifiques et techniques, d'éduquer aux médias, de favoriser l'accès des handicapés aux programmes.

Pour parvenir à ces objectifs, le gouvernement impose aux sociétés du secteur public de la communication audiovisuelle des cahiers des charges qui constituent des actes administratifs individuels et unilatéraux qui imposent des obligations précises. Depuis la loi du 1er août 2000, l'État conclut avec les sociétés du secteur public des contrats d'objectifs et de moyens dont la durée est de 3 à 5 ans qui permet une véritable mise en perspective de leur action, de vérifier l'adéquation de leurs ressources avec leurs objectifs et de leur donner les moyens nécessaires. Les sociétés du secteur public du paysage audiovisuel français sont des sociétés nationales et des établissements publics :

1. La société France Télévision créée par la loi du 1er août 2000 a pour fonction la filiation des sociétés nationales de programmes France 2 et France 3, La Cinquième, afin de leur donner une seule structure plus cohérente de direction.
2. La société nationale de programme France 2 est chargée de programmer des émissions de télévision destinées à être diffusées sur l'ensemble du territoire, avec une vocation marquée de chaîne généraliste.
3. La société nationale de programme France 3 est chargée de concevoir et programmer des émissions de télévision à caractère national, régional et local, destinées à être diffusées sur tout ou partie du territoire. France 3 dispose de 13 stations régionales qui diffusent quotidiennement, en décrochage de l'édition nationale, des programmes de proximité.
4. La société nationale de programme La Cinquième a pour mission de concevoir et programmer des émissions de télévision à caractère éducatif et de favoriser l'accès au savoir, à la connaissance, à la formation et à l'emploi. Cette programmation doit également contribuer à l'éducation à l'image et aux médias.
5. La société ARTE-France est une société nationale qui constitue le pôle français du groupement européen d'intérêt économique ARTE (Association Relative à la Télévision Européenne). Le second pôle est constitué par ARTE Deutschland TV GmbH. La mission du GEIE ARTE est de concevoir et diffuser des émissions de télévision à caractère culturel et international et favoriser la compréhension et le rapprochement des peuples en Europe.
6. La chaîne parlementaire est composée de deux sociétés de programmes : La chaîne parlementaire Assemblée nationale et La chaîne parlementaire Sénat. Leur mission de service public est l'information

et la formation des citoyens à la vie publique par des programmes parlementaires, éducatifs et civiques, la présentation des travaux de chaque assemblée.

7. La société nationale de programme Réseau France Outre-Mer (RFO). Elle est chargée de concevoir et de programmer des émissions de télévision et de radiodiffusion sonore destinées à être diffusées dans les départements, territoires et collectivités territoriales d'Outre-Mer ainsi qu'en Nouvelle-Calédonie. La loi enjoint à cette société de promouvoir la langue française mais aussi les langues et cultures régionales.
8. La société nationale de programme Radio-France chargée de concevoir et programmer des émissions de radiodiffusion sonore à caractère national et local, destinées à être diffusées sur tout ou partie du territoire métropolitain. Elle assure également la promotion de l'expression régionale sur ses antennes décentralisées sur l'ensemble du territoire ainsi que la promotion du patrimoine et la création artistique grâce notamment aux formations musicales (Orchestre national de France, Orchestre philharmonique de Radio-France, la Maîtrise de Radio-France) et grâce aux différentes stations radiophoniques qu'elle administre (France Inter, France Musique, France Culture, France info, Radio bleu etc.).
9. L'Institut national de l'audiovisuel (INA) est un établissement public à caractère industriel et commercial légalement chargé de conserver et de mettre en valeur le patrimoine audiovisuel national. L'INA a également pour mission d'assurer la conservation des archives audiovisuelles des sociétés nationales de programme et de contribuer à leur exploitation.
10. La société Télédiffusion de France (TDF), filiale de France Télécom, a pour mission d'assurer la transmission et la diffusion, en France et vers l'étranger, par tous procédés analogiques de télécommunication, des programmes de France 2, France 3, RFO, Radio-France, Radio-France International et ARTE. Cette société est autorisée à offrir ses services à tous les distributeurs et éditeurs de services de communication audiovisuelle. TDF est sur la voie de la privatisation surtout depuis que la loi du 1er août 2000 lui a fait perdre une partie de ses privilèges.

B – Le secteur privé de la radiotélévision en France

La loi du 29 juillet 1982 a affirmé la liberté de communication audiovisuelle en France alors que le monopole public était la règle depuis les premières émissions régulières de radiodiffusion sonore (1921) et de télévision (1948). À partir des années 60, le développement des techniques, des initiatives privées, de la publicité, des revendications libertaires, le monopole était devenu désuet pour la radio en raison de l'existence de radios périphériques installées en territoire étranger mais émettant essentiellement en territoire français (RTL, RMC) puis pour la télévision grâce notamment aux progrès de la diffusion par câble puis par satellite.

La chaîne de télévision TF1 a été privatisée par la loi du 30 septembre 1986 et l'autorisation d'émettre a été accordée pour 10 ans à une société contrôlée par le groupe Bouygues ; l'autorisation a été renouvelée pour cinq ans à compter de 1997 puis une nouvelle fois pour cinq ans à compter de 2002. M6, contrôlée désormais par le groupe Bertelsmann a été autorisée et renouvelée aux mêmes échéances. La chaîne cryptée Canal plus, créée en 1984, a été renouvelée pour cinq ans en 2000. Ces trois principaux acteurs du secteur privé de la communication audiovisuelle sont soumis à des règles conventionnelles adoptées sous le contrôle du CSA.

Aujourd'hui l'article 41 du Code des postes et des communications électroniques donne au Premier ministre compétence pour attribuer, après avis du Conseil supérieur de l'audiovisuel et de l'autorité de régulation des télécommunications, les fréquences ou bandes de fréquences radioélectriques qui sont attribuées aux administrations de l'État et celles dont l'assignation est confiée au CSA ou à l'ART. L'utilisation pour les titulaires de l'autorisation constitue un mode d'occupation privatif du domaine public de l'État. Le CSA autorise l'usage de fréquences par la radiodiffusion et par la télévision et impose le respect de diverses normes techniques définies par lui. Il contrôle leur utilisation et assure la qualité de la réception. Pour les services privés de radiodiffusion ou de télévision par voie hertzienne terrestre, le CSA accorde les autorisations d'émettre en appréciant l'intérêt de chaque projet pour le public, au regard des impératifs que sont la sauvegarde du pluralisme des courants d'expression socioculturels, la diversification des opérateurs, la nécessité d'éviter les abus de position dominante ainsi que les pratiques entravant le libre exercice de la concurrence. Le CSA tient également compte de l'expérience acquise par le candidat dans les activités de communication, de sa solidité financière, de ses liens avec les régies publicitaires, de sa capacité à développer des programmes variés, de son soutien aux nouveaux interprètes, de sa capacité à promouvoir de nouveaux talents etc. Les services de radiodiffusion et de télévision qui n'utilisent pas les fréquences assignées par le CSA ne sont soumis qu'à une simple déclaration préalable à condition toutefois que leur budget soit inférieur à 75 000 euros pour les radios et 150 000 euros pour les télévisions. Tous les services privés de communication audiovisuelle sont soumis à de nombreuses obligations de transparence et aux dispositifs anticoncentration prévus par la loi.

C – Le cinéma

L'activité cinématographique a toujours été strictement encadrée par l'État en raison des risques présentés par une œuvre de l'esprit susceptible d'être vue par un public nombreux. Si le Conseil d'État a reconnu le cinéma comme une liberté publique (1975), il n'en reste pas moins que le cinéma reste soumis à un régime encore restrictif. Le film doit recevoir un visa d'exploitation délivré par le Ministre de la culture après avis d'une commission de classification. Les films classés X, à caractère pornographique, sont interdits aux mineurs de 18 ans, sont soumis à un régime fiscal pénalisant et ne bénéficient d'aucune aide. Des films peuvent être interdits aux mineurs de 12 ans ou de 16 ans ; leur exportation peut être interdite. Toutes ces restrictions semblent aujourd'hui assez désuètes au regard des possibilités données aux jeunes d'accéder librement à l'Internet. Depuis le film de M. Scorsese « La dernière tentation du Christ », la Cour de cassation (1990) peut imposer un texte d'avertissement pour le public ce qui semble relever d'une meilleure pédagogie. S'agissant des aides de l'État au cinéma, un fonds de soutien alimenté par une taxe sur les recettes d'exploitation et sur les cassettes vidéo permet de favoriser les créations notamment grâce au système des avances sur recettes. L'établissement public administratif appelé Centre national de la cinématographie exerce un pouvoir de régulation et de contrôle.

II – La régulation de l'audiovisuel en France

Jusqu'en 1982, la communication audiovisuelle en France relevait du service public et du monopole de l'État.

La loi du 29 juillet 1982 consacre l'abandon du monopole et affirme la liberté de la communication audiovisuelle. La Haute Autorité de l'audiovisuel est créée. Il s'agit d'un organisme administratif indépendant chargé d'assurer la régulation des secteurs public et privé de la communication. Mais suite à l'alternance politique, la loi du 30 septembre 1986 remplace la Haute Autorité par une Commission Nationale pour la Communication et les Libertés (CNCL). Enfin, après une nouvelle alternance, la loi du 17 janvier 1986 crée le Conseil supérieur de l'audiovisuel (CSA). Depuis cette date, plusieurs lois ont renforcé les pouvoirs du CSA sans remettre en cause les principaux équilibres : le paysage audiovisuel français est désormais relativement stabilisé.

Aujourd'hui, le CSA assure pleinement la régulation de l'audiovisuel en France. Si son indépendance reste discutée, son autorité ne fait plus aucun doute et son activité de régulation est désormais reconnue : à partir d'objectifs définis par le législateur, l'autorité régulatrice définit les principes de référence qui encadrent son action, élabore des mesures réglementaires et des standards qui s'imposent et prévoit des dispositifs de surveillance et de sanction.

En toute hypothèse, cette instance indépendante a un double rôle. D'une part, elle protège les télévisions publiques mais aussi privées de l'intérêt qu'elles suscitent encore de la part du pouvoir politique. D'autre part, elle administre, régule, contrôle un secteur de l'audiovisuel désormais livré aux « puissances financières qui restent, en France, toujours suspectes ».

A – L'autorité de régulation : le Conseil supérieur de l'audiovisuel

Pour créer cette autorité administrative indépendante, le législateur s'est inspiré de l'exemple de la Federal Communications Commission (FCC) des États-Unis d'Amérique. Le CSA est une autorité indépendante qui dispose de pouvoirs administratifs réglementaires et de sanction.

1 – Une autorité indépendante

Si l'indépendance ne se décrète pas et peut être toujours discutée, la législation de 1986 a fait un effort particulier pour l'assurer au maximum :

a – Au niveau de la composition :

Le CSA est composé de 9 membres nommés par décret du président de la République :

- 3 membres (dont le président) sont nommés par le président de la république ;
- 3 membres sont nommés par le président de l'Assemblée nationale ;
- 3 membres sont nommés par le président du Sénat.

En réalité, seul le choix des hommes permet d'affirmer ou non leur indépendance. Parfois certaines nominations se sont avérées discutables. Enfin, des difficultés ont pu surgir en raison de la mise en cause de certains membres du CSA les conduisant à démissionner.

b – Au niveau du statut

Les membres du CSA sont désignés pour 6 ans. Leur mandat n'est ni révocable, ni renouvelable.

Leurs fonctions sont incompatibles avec tout mandat électif, tout emploi public et toute activité professionnelle. Ils ne peuvent ni directement, ni indirectement exercer des fonctions, recevoir des honoraires, ni détenir des intérêts dans une entreprise liée aux secteurs de l'audiovisuel, de l'édition, de la presse, de la publicité ou des télécommunications, et même pendant un an après la cessation de leurs fonctions au CSA. Ils sont astreints au devoir de réserve. Ils perçoivent une indemnité égale aux traitements afférents aux deux catégories supérieures des emplois de l'État classés hors échelle. Enfin, le budget du CSA est inscrit directement au budget de l'État dans la loi de finances et son exécution relève du seul contrôle de la Cour des comptes.

2 – Une autorité normative et sanctionnatrice

Le CSA est une autorité administrative dotée par la loi d'une série de pouvoirs de réglementation, de décision, de contrôle et de sanction en matière audiovisuelle.

Il n'a pas une personnalité juridique distincte de celle de l'État. Il n'est pas une juridiction et ses décisions sont soumises au contrôle du juge administratif.

a – Pouvoir nominatif du CSA

Le CSA a le pouvoir d'autoriser l'usage des ressources radioélectriques a tout éditeur ou distributeur privé de services radio ou de TV. Peu importe le mode analogique ou numérique de modulation retenu ou que la diffusion soit opérée par voie hertzienne terrestre ou par satellite ou qu'il s'agisse d'un réseau câblé de télédistribution.

À ces actes administratifs unilatéraux individuels et exécutoires que sont les autorisations d'usage du domaine public hertzien s'ajoutent ceux relatifs à la nomination des membres des conseils d'administration de France Télévision, des sociétés nationales de programme et de l'Institut national de l'audiovisuel.

Le CSA fixe :

- les règles concernant les conditions de production, de programmation et de diffusion des émissions relatives aux campagnes électorales que les sociétés nationales de programme sont tenues de produire et de programmer et que TDF est tenue de diffuser ;
- prend les mesures nécessaires pour assurer une bonne réception des signaux dans la gestion des fréquences radioélectriques ;
- fixe les modalités de diffusion des émissions accordées aux formations politiques représentées par des groupes au Parlement ainsi qu'aux organisations syndicales et professionnelles représentatives à l'échelle nationale.

Depuis la loi du 1er août 2000, le CSA peut désormais adresser aux éditeurs et distributeurs des services de communication audiovisuelle des recommandations relatives au respect des principes énoncés par la loi. Elles sont publiées au JO ce qui favorise la médiatisation du rôle de régulation du CSA.

Le CSA rend un rapport annuel. Il peut suggérer des modifications législatives ou réglementaires.

b – Pouvoir de contrôle et de sanction du CSA

- Il contrôle les contenus des programmes audiovisuels notamment s'agissant du respect par les opérateurs de leurs obligations relatives au pluralisme et à l'honnêteté de l'information, aux quotas de diffusion d'œuvres cinématographiques et audiovisuelles et à leur contribution au développement de la production cinématographique et audiovisuelle.

– Il contrôle les règles relatives à la défense de la langue française, les règles relatives à la publicité, au parrainage, au télé-achat, à la protection de l'enfance, de l'ordre public, de la dignité humaine.
– Le CSA contrôle le respect des règles de la concurrence et les dispositions relatives à la lutte contre les concentrations. Pour exécuter sa mission de contrôle, il dispose d'une administration et de moyens d'investigation étendus. Tous ceux qui ne répondraient pas ou mal aux questions posées par le CSA s'exposent à de fortes amendes.
– Il dispose d'un pouvoir de sanction (reconnu par le Conseil constitutionnel D.17.01.89) sous réserve de mise en demeure préalable et sous réserve du respect des principes de nécessité et de proportionnalité des délits et des peines. Il doit assurer le respect du principe du contradictoire et il est soumis à la perscription des faits de plus de 3 ans. Il doit motiver et notifier ses sanctions. Ces dernières peuvent être des mesures de suspension (pour un mois au maximum), des amendes, des réductions d'autorisation voire un retrait pur et simple de l'autorisation « en cas de modification substantielle des données au vu desquelles l'autorisation avait été délivrée, notamment des changements intervenus dans la composition du capital social ou des organes de direction et dans les modalités de financement ».
– Le CSA peut saisir le Procureur de la république de toute infraction constatée. De nombreuses sanctions pénales sont prévues pour imposer le respect de la légalité des radiodiffusions et distributions de programmes mais aussi pour assurer le respect des règles de transparence économique, des règles relatives à la protection de l'industrie cinématographique et celles relatives au piratage des programmes cryptés.

B – Les compétences du CSA

Elles s'exercent à l'égard du secteur public de l'audiovisuel comme à l'égard du secteur privé.

1 – À l'égard du secteur public de l'audiovisuel

Les compétences sont multiples et attestent de la rupture réelle du cordon ombilical entre l'État tuteur et les organismes publics de radiotélévision.

a – Le CSA nomme les dirigeants des principaux organes du secteur public
   – **France Télévision (la 2, la 3, la 5)** : Le CSA nomme 4 des 12 membres du conseil d'administration dont le président qui est aussi le président des conseils d'administration des sociétés

France 2, France 3 et La Cinquième. En outre, les directeurs généraux de ces trois sociétés de programme sont désignés par le conseil d'administration de France Télévision sur proposition de son président. Parmi ces quatre membres du conseil d'administration de France Télévision, les quatre sont des personnalités qualifiées dont une issue du mouvement associatif et un du monde de la création ou production.

- **Les sociétés nationales de programme TV** : le CSA nomme un des 8 membres du conseil d'administration parmi les 4 qualifiés, membres du conseil d'administration de France Télévision.
- **Radio-France, RFI et RFO** : Il nomme 4 personnalités membres du conseil d'administration. Il nomme le président de RFO et de Radio-France parmi les 4 personnalités qu'il a nommées. Il nomme le président de RFI mais parmi les représentants de l'État au conseil d'administration.
- **INA** : Il nomme 4 membres sur 12.

b – Le CSA participe à la confection des cahiers des charges des sociétés nationales de programme. Il donne un avis sur les projets du gouvernement. Cet avis motivé est publié au JO. En principe le gouvernement suit cet avis.

c – Le CSA donne son avis sur la répartition de la redevance entre les organismes du service public, faite par le Parlement (taxe parafiscale).

d – Le CSA assigne l'usage des fréquences aux chaînes du secteur public. Cette compétence est désormais partagée par l'Agence de Régulation des Télécommunications pour les fréquences de transmission.

e – Le CSA détermine les modalités du droit de réplique aux déclarations du gouvernement.

Il l'accorde aux groupes parlementaires de l'opposition afin d'éviter de transformer les chaînes publiques en organes officiels de propagande.

f – Il impose le pluralisme interne.

Il doit veiller au respect de l'expression pluraliste des courants d'opinion et de pensée dans les programmes de tous les services de radiotélévision, en particulier pour toutes les émissions d'information politique et générale.

Il communique chaque mois aux responsables des Assemblées et aux responsables des différents partis politiques représentés au Parlement le relevé des temps d'intervention des personnalités politiques dans toutes les émissions.

2 – À l'égard du secteur privé de l'audiovisuel

a – Le CSA autorise l'usage des fréquences nécessaires à la diffusion des services privés de radiodiffusion sonore.

Il procède par appel à candidatures présentées obligatoirement par une société, une fondation ou une association, lesquelles donnent tous les renseignements utiles et proposent une convention. Les comités techniques régionaux territorialement compétents donnent leur avis.

Les candidats doivent donner toutes garanties en matière de compétence, de transparence, de pluralisme, de respect des dispositifs anti-concentration, d'honnêteté de l'information, d'indépendance.

Le CSA accorde l'autorisation pour une durée maximale de cinq ans.

b – Le conventionnement

Il est assez directif de par les précisions exigées : notamment, il impose des règles strictes de quotas pour les chansons d'expression française, pour les jeunes talents ou nouvelles productions, pour les titres francophones, pour la diffusion de programmes éducatifs et culturels, pour des émissions de défense des consommateurs, sur des programmes relatifs aux DOM-TOM, sur le temps maximum consacré à la publicité, aux émissions parrainées etc.

c – La protection de la communication sociale de proximité par voie radiophonique

Il leur réserve une part suffisante de ressources en fréquence.

d – Le CSA s'assure de la protection de la diversité et de l'équilibre du paysage radiophonique entre les réseaux nationaux et les réseaux locaux.

Il classe les services selon plusieurs catégories :

1. les services associatifs éligibles au fonds de soutien (radios communautaires, culturelles, scolaires) ;
2. les services locaux ou régionaux indépendants ne diffusant pas de programme national ;
3. les services locaux ou régionaux diffusant le programme d'un réseau thématique à vocation nationale ;
4. les services thématiques à vocation nationale ;
5. les services généralistes à vocation nationale.

e – Des règles particulières sont prévues pour la diffusion des services privés de télévision par voie hertzienne terrestre en mode numérique, de radiodiffusion sonore ou de télévision par câble et par satellite qui relèvent du même esprit.

f – Les attributions du CSA pour assurer le respect de l'indépendance et du pluralisme des acteurs privés de la communication audiovisuelle.

Contrôle *a priori* sur les limitations de concertations multimédias ou monomédias.

g – Protection de la concurrence

Le CSA peut consulter le Conseil de la concurrence.

h – Protection de l'enfance et de l'adolescence – loi du 1er août 2000

Le CSA peut interdire des programmes susceptibles de nuire à l'épanouissement physique, mental ou moral des mineurs de moins de 18 ans. Il dispose d'un pouvoir d'avertissement et d'une signalétique anti-violence visant à informer préalablement les téléspectateurs.

i - Protection de la dignité de la personne humaine

Le CSA veille à ce que les programmes ne contiennent aucune incitation à la haine ou à la violence pour des raisons de race, de sexe, de mœurs, de religions ou de nationalité.

Le CSA a eu l'occasion d'adopter une recommandation (1992) sur les programmes de télévérité pour limiter le voyeurisme, les dramatisations complaisantes etc.

À propos d'une émission intitulée *Loft Story*, il a rappelé aux dirigeants de M6 de faire preuve d'une plus grande vigilance afin d'éviter tout dérapage en matière de respect de la dignité de la personne humaine (notamment des lieux non soumis à l'observation du public et des phases de répit « d'une durée significative et raisonnable) ».

j - En matière de publicité commerciale

Le CSA dispose d'un pouvoir de contrôle très large qui porte à la fois sur l'objet, le contenu et les modalités de programmation des émissions publicitaires. Le CSA exerce son contrôle « par tout moyen approprié ».

k - La limitation des émissions de télé-achat.

l - Les attributions relatives à la production d'œuvres cinématographiques ou audiovisuelles et à leur diffusion.

Le CSA vérifie le respect des quotas imposés.

m - Les attributions du CSA relatives aux campagnes électorales.

Le CSA doit imposer pluralisme et égalité.

n - Les attributions du CSA relatives à la diffusion des messages d'alerte sanitaire.

Messages proposés par le ministre de la santé qui doivent être diffusés à des heures de grande écoute.

o - Les attributions du CSA relatives à la retransmission des évènements d'importance moyenne.

Ces évènements majeurs ne peuvent être retransmis en exclusivité d'une manière qui aboutirait à priver une partie importante du public de la possibilité de les suivre en direct ou en différé sur un service de télévision à accès libre. (Le gouvernement donne par décret la liste de ces évènements majeurs).

6

LE DROIT DU MULTIMÉDIA, DE L'INTERNET ET DE L'INFORMATIQUE

Les nouvelles technologies de l'information et de la communication abolissent le temps et l'espace et se développent à une vitesse si grande que certains ont pu déclarer que le XXIe siècle serait celui de l'information et de la communication. Les domaines du multimédia, de l'Internet et de l'informatique, tels que ceux des logiciels et des bases de données, illustrent l'avancée de ces techniques. Le droit suit cette évolution en tentant de définir et de délimiter ces techniques et les pratiques afférentes (I). Dans le même temps, le droit cherche à protéger les données personnelles de chacun, entrant dans le champ de la vie privée (II).

I – La délimitation du droit du multimédia, de l'Internet et de l'informatique

Les institutions nationales, communautaires et internationales cherchent à définir ces nouvelles technologies de l'information et de la communication et à fixer un droit adapté à celles-ci (A). Les acteurs du multimédia, de l'Internet et de l'informatique se voient conférer des droits et des obligations (B).

A – La définition et le droit applicable au multimédia, à l'Internet et à l'informatique

Les notions de multimédia, d'Internet, de logiciel ou de base de données ne sont pas toujours bien définies par les textes. En effet le droit applicable à ces technologies de l'information et de la communication prend sa source dans de multiples branches du droit, ce qui est source de complexité.

1 – Le multimédia

a – Une définition large

Bien qu'il n'existe aucune définition de l'œuvre multimédia dans le Code de la propriété intellectuelle, celle-ci se caractérise par la réunion sur un même support numérique d'éléments différents (images, sons, texte…) régis par un programme (un logiciel). La définition très discutée, est large, et regroupe des œuvres ayant une nature et des finalités différentes, telles que les sites Web, les CD-Rom éducatifs, les jeux vidéo, les DVD (disques numériques)…

La multiplicité des genres de l'œuvre multimédia rend difficile sa qualification juridique.

b – Les multiples qualifications de l'œuvre multimédia

Une œuvre multimédia peut, soit être créée par un auteur unique, soit être créée par plusieurs auteurs et relever de l'œuvre de collaboration ou de l'œuvre collective. Dans le premier cas, il convient de déterminer si l'œuvre multimédia est qualifiée d'œuvre audiovisuelle, d'œuvre de l'informatique ou autre… Cette qualification déterminera le régime applicable. Dans l'autre cas, c'est-à-dire pour l'œuvre de collaboration et l'œuvre collective, ces régimes s'appliqueront respectivement et cumulativement avec la qualification de l'œuvre retenue (œuvre audiovisuelle, informatique ou autre).

Ces qualifications dépendent du type ou du genre d'œuvre multimédia en cause. Le jeu vidéo relèverait du régime de l'œuvre logicielle. La Cour de cassation a qualifié le jeu « Mortal Kombat » de logiciel. Mais d'autres œuvres multimédia semblent être plus qu'un logiciel ou qu'une base de données. Les DVD s'apparentent davantage à l'œuvre audiovisuelle, encore que cela ne soit pas systématique car l'œuvre multimédia n'est pas forcément constituée « de séquences animées d'images ». La notion d'interactivité pourrait caractériser l'œuvre multimédia. La Cour de cassation a rejeté la qualification de productions audiovisuelles à une œuvre multimédia (CD-Rom) « en l'absence d'un défilement linéaire des séquences, de l'intervention toujours possible de l'utilisateur pour en modifier l'ordre et de la succession non de séquences animées d'images mais de séquences fixes pouvant contenir des images animées ». Le régime du contrat d'édition a été retenu au détriment du contrat de production audiovisuelle. En conséquence, le CD-Rom en tant qu'œuvre multimédia, distinct de l'œuvre audiovisuelle, pourra relever du régime de droit commun de la propriété intellectuelle et du régime de l'œuvre collective ou de l'œuvre de collaboration, si l'œuvre connaît plusieurs auteurs. Certes, à la différence de l'œuvre de collaboration, la qualification d'œuvre collective favorise l'exploitant de l'œuvre multimédia qui devient propriétaire des droits, sans avoir besoin de se voir céder les droits. L'exploitant ou investisseur a donc intérêt à organiser contractuellement l'œuvre multimédia en œuvre collective. En cela, l'exploitation de l'œuvre multimédia se rapproche du « copyright ».

C'est dire qu'à la multiplicité des genres d'œuvres multimédias, correspond une multiplicité de qualifications juridiques.

Dans l'attente d'une qualification juridique plus précise de l'œuvre multimédia, voire de la création d'un régime spécifique au sein du Code de la propriété intellectuelle, les droits d'auteurs s'appliquent pleinement aux créations du multimédia en tant qu'œuvre de l'esprit. Dans le respect du Code de la propriété intellectuelle, les parties peuvent librement aménager leur contrat relatif à l'œuvre multimédia, conformément au principe de la liberté contractuelle.

2 – L'Internet

a – Le réseau Internet

L'Inter Network ou Internet est un ensemble de réseaux informatiques de portée transnationale. Né en 1969, Internet entre dans sa phase commerciale en 1995. Le programme World Wide Web (WWW), dit Web né en 1991 est l'un des protocoles d'Internet et le principal service du Net. L'ICANN (Internet Corporation for Assigned Numbers and Names), société de droit privé et d'intérêt public de droit américain, est chargée de gérer le système Internet dans la Communauté internationale. Elle alloue les adresses de protocole Internet (IP), gère le système de nom de domaine (DNS).

b – Le droit applicable à l'Internet

Pris comme réseau, Internet relève en France du droit des télécommunications ou communications électroniques sous le contrôle de l'autorité de régulation des télécommunications. Les prestations de services proposées sur le réseau, appartiennent aux services de communication audiovisuelle et relèvent de la réglementation relative au commerce électronique et aux contrats à distance. Ces services de communications audiovisuelles, de courrier électronique ou courriel, de forums de discussion, entrent encore dans le champ d'application de la loi informatique et liberté de 1978.

Les droits d'auteurs et droits voisins s'appliquent à l'œuvre audiovisuelle créée et présentée sur le Web, empruntant souvent le régime des œuvres collectives. Eu égard à la spécificité et la multitude de services fournis, Internet relève de textes juridiques très différents. On peut parler de patchwork juridique. Ainsi, les normes législatives et le réglementaires régulent les pratiques de l'Internet, mais pas seulement. Cette régulation classique est complétée par des normes plus souples, on parle de co-régulation. Le Forum des droits sur l'Internet élabore des recommandations qui sont souvent suivies par les professionnels et qui possèdent une force de proposition au niveau national, voire international.

C'est au regard des droits d'auteurs, qu'Internet, outil d'accès à la culture, s'est illustré en 2001. « Napster », site gratuit d'échanges de fichiers musicaux, a été interdit aux États-Unis au regard de la législation sur le copyright. Cette affaire pose la délicate question du libre accès à l'information et à la culture au regard des droits patrimoniaux de l'auteur ou de l'exploitant de l'œuvre. Le droit exclusif d'exploiter l'œuvre créée, s'oppose au droit d'accéder librement à la dite œuvre. Internet n'a pas de statut particulier en matière de droits d'auteurs. Faut-il lui faire une place particulière ? C'est une véritable question de société, qui recherche le juste équilibre entre le libre accès à la culture et la préservation des droits des auteurs et des exploitants.

3 – L'informatique

a – Le droit applicable aux logiciels

En matière de logiciels, la directive communautaire du 14 mai 1991, relative à la protection juridique des programmes d'ordinateur, est venue harmoniser la législation des États membres. Non brevetables, les logiciels sont protégés par les droits d'auteurs. Hélas, la directive n'a donné aucune définition du logiciel. La loi de 1994, transposant la directive communautaire dans l'ordre français en modifiant la loi du 3 juillet 1985, n'a pas cherché non plus à définir le logiciel. Il appartient au juge, en cas de litige, de déterminer s'il a affaire à un logiciel afin de lui appliquer le régime des droits d'auteurs qui apparaît spécifique, à défaut d'être singulier. Il pourra se fonder sur un arrêté du 22 décembre 1981 qui voit le logiciel comme « l'ensemble des programmes, procédés ou règles, et éventuellement de la documentation, relatifs au fonctionnement d'un ensemble de traitement de données ».

De plus, le droit des contrats vient se greffer ou compléter les droits d'auteurs en cas de fourniture de logiciel. Droits d'auteurs et droit des contrats encadrent la vie du logiciel, sa création, sa cession, sa maintenance.

b – Le droit applicable aux bases de données

En matière de bases de données, l'article L. 112-3 du Code de la propriété intellectuelle définit la base de donnée comme « un recueil d'œuvres, de données ou d'autres éléments indépendants, disposés de manière systématique ou méthodique, et individuellement accessibles par des moyens électroniques ou par tout autre moyen ». La directive communautaire du 11 mars 1996 donne une définition similaire. Les bases de données sont protégées par un droit spécifique (*sui generis*) prévu par les textes susmentionnés, mais aussi par les droits d'auteurs, et comme pour les logiciels, le droit des contrats complète les droits d'auteurs lors de l'utilisation d'une base de données. En outre, la création d'une base de données peut être qualifiée d'œuvre collective, permettant à une personne morale d'être titulaire des droits d'auteurs reconnus à ce régime. Le contrat peut aussi le permettre.

B – Les droits et les obligations des acteurs du multimédia, de l'Internet et de l'informatique

Il est difficile d'équilibrer les intérêts, parfois divergents des acteurs du multimédia, de l'Internet et de l'informatique. Entre les droits des créateurs d'une œuvre et les droits des utilisateurs de celle-ci, le besoin de rémunération pour les premiers et les aspirations à la gratuité pour les seconds, les intérêts sont souvent opposés. Les droits et obligations des acteurs du multimédia (1), de l'Internet (2) et de l'informatique (3), divergent autant par leurs intérêts que par les sources juridiques applicables, comme le droit de l'audiovisuel, le droit de la propriété intellectuelle, le droit du commerce électronique…

1 – Les droits et les obligations des acteurs du multimédia

Le droit de la propriété intellectuelle encadre principalement les droits et les obligations des acteurs du multimédia. L'enjeu des mesures techniques qui visent à limiter la reproduction d'un CD-Rom ou d'un DVD et du « peer to peer » nécessite quelques observations.

a – Les droits et les obligations des acteurs du multimédia encadrés par la propriété intellectuelle.

- **Le respect des droits patrimoniaux et du droit moral de l'auteur**

La création d'une œuvre multimédia peut intégrer une ou plusieurs œuvres de l'esprit préexistantes et protégeables. Dans ce sens, le producteur devra respecter les droits d'auteurs des œuvres de l'esprit déjà existantes et intégrées à l'œuvre multimédia. En fonction de la qualification juridique retenue de l'œuvre multimédia, les droits patrimoniaux et le droit moral s'exerceront différemment.

- Si l'œuvre multimédia incorpore une base de donnée, alors, le droit spécifique relatif aux bases de données et le droit commun de la propriété intellectuelle devront être respectés. Le producteur, qui numérise l'œuvre pour la fixer sur un support multimédia, respecte le droit de reproduction de l'auteur de l'œuvre préexistante ainsi que son droit moral. L'auteur accepte la reproduction de son œuvre à destination du public dans le cadre du multimédia. Il en est de même du droit de représentation. Le producteur de l'œuvre multimédia s'attache donc à organiser contractuellement la cession des droits patrimoniaux de l'œuvre intégrée.
- Si l'œuvre multimédia de base de données est une œuvre collective, alors l'exercice des droits patrimoniaux du producteur sera facilité en dehors de tout contrat. Le régime juridique retenu caractérise l'existence et l'exercice des droits patrimoniaux.

Il en est de même pour le droit moral. La création de l'esprit intégrée dans une œuvre multimédia relève du droit moral. L'auteur conserve son droit à la paternité, le droit de divulgation de l'œuvre au public, le droit à l'intégrité de son œuvre, le droit de retrait ou de repentir. Mais l'utilisation du droit moral semble limitée lorsque l'œuvre multimédia est qualifiée d'œuvre collective ou audiovisuelle. L'intérêt de l'exploitant est privilégié et les droits voisins sont respectés.

En contrepartie des droits d'auteurs cédés, l'auteur perçoit une rémunération proportionnelle aux recettes provenant de l'exploitation de l'œuvre. Si le principe est la rémunération proportionnelle, la rémunération forfaitaire est possible en cas d'œuvre collective, de cession de droits portant sur un logiciel ou d'une œuvre préexistante. La pratique développe la possibilité d'une rémunération forfaitaire, dans l'intérêt plus marqué de l'exploitant. Quant à la durée de la protection de l'œuvre multimédia, elle dépendra de la qualification retenue.

L'œuvre multimédia peut encore être constituée d'éléments non protégeables, échappant aux droits d'auteurs. En dehors du Code de la propriété intellectuelle, les acteurs du multimédia devront respecter les obligations classiques précédemment présentées.

- **L'application cumulative des régimes de propriété intellectuelle**

L'œuvre multimédia, en tant qu'œuvre de genres multiples, est susceptible d'adopter des régimes juridiques divers et cumulés. Une société qui édite une encyclopédie et qui l'offre sur CD-Rom avec de nombreuses photographies en guise d'illustration, réalise une œuvre multimédia. L'éditeur réunit différents auteurs pour réaliser l'encyclopédie. La qualification d'œuvre collective peut être retenue. Si l'œuvre multimédia incorpore des œuvres préexistantes, le régime de l'œuvre composite sera appliqué cumulativement, respectant les droits de l'auteur de l'œuvre préexistante dans ses rapports avec l'éditeur. La numérisation ne fait pas que fusionner des œuvres dans une œuvre multimédia, elle fusionne encore leurs régimes juridiques qui s'appliquent aux personnes concernées. En définitive, les conflits possibles de qualification de l'œuvre multimédia tendent à obscurcir les droits et obligations des acteurs économiques qui auront intérêt à être organisés avec précision dans un contrat.

b) Les mesures techniques et le « *peer to peer* » dans l'œuvre multimédia

- **Les mesures techniques et copies privées**

Des nouveaux outils, tels que les Digital Right Management Systems (DRMS), permettent aux auteurs et surtout aux distributeurs de contrôler et de maîtriser les exploitations des œuvres numérisées. Les mesures techniques peuvent ainsi limiter les copies privées des utilisateurs de CD-Audio, CD-Rom, DVD, DVD-Rom, DVD-Vidéo (art. L. 331-5 du CPI). Deux copies par exemplaire vendu seraient autorisées pour l'utilisateur ? Certes, ces mesures techniques, menacent l'équilibre, toujours délicat, entre les droits d'auteurs et des sociétés de gestion collective et l'intérêt du public, de l'utilisateur. L'accès à l'information culturelle pourrait être « cadenassé ». L'exception de copie privée n'est pas au fond remise en cause, mais sa portée pourra être quantitativement limitée. Toutefois, à la différence de notre droit national, la directive communautaire du 22 mai 2001 semble consacrer l'exercice de la liberté de reproduction à usage privé des utilisateurs de produits du multimédia moyennant une compensation équitable aux titulaires des droits d'auteurs. Faut-il aller jusqu'à garantir aux utilisateurs un véritable droit à la copie privé ? Avec la nouvelle loi du 21 mars 2006, le juge français va devoir trouver un juste équilibre entre le développement des mesures techniques et l'exception de copie privée.

- Le « *peer to peer* »

Comme pour les copies privées, le « *peer to peer* » P2P (client à client), peut porter atteinte au droit exclusif d'exploitation du titulaire sur son œuvre. Il s'agit de logiciels d'échange de fichiers informatiques « pair à pair » sur Internet. On distingue le téléchargement pour son unique profit, dit téléchargement descendant « *download* », du téléchargement ascendant « *upload* » permettant à autrui de venir récupérer le fichier.

Le programme Napster est l'exemple de logiciel autorisant le mécanisme de transfert de fichiers musicaux MP3. Le téléchargement de titres musicaux ou de films porte indéniablement une atteinte économique à l'industrie musicale, voire dans un futur proche à l'industrie cinématographique. En 2002, les ventes de disques en France ont baissé de 13 %. Comme aux États-Unis, les éditeurs de logiciels et ceux qui communiquent au public un dispositif permettant le téléchargement d'œuvres protégées, voient progressivement leur responsabilité engagée, comme le prévoient désormais les articles L. 336-1 et L. 335-2-1 du code de la propriété intellectuelle. La peine maximale est fixée à trois ans d'emprisonnement et 300 000 euros d'amende.

Les mesures techniques, l'immatriculation des œuvres, les contrats d'abonnement proposés aux utilisateurs sont autant de voies pour enrayer le téléchargement de fichiers et la copie privée. Le principe de la compensation équitable des atteintes aux intérêts du titulaire des droits pourrait être mis en place, peut être en assurant la traçabilité de l'œuvre jusqu'au domicile de l'utilisateur. Dans ce cas, l'espace de liberté des utilisateurs s'en trouverait réduit. La conciliation entre d'un côté la liberté d'expression, le libre accès à l'information et de l'autre le droit exclusif d'exploiter son œuvre, relève du sensible et de la complexité.

2 – Les droits et les obligations des acteurs de l'Internet

La loi du 30 septembre 1986 relative à la liberté de communication a été modifiée par la loi n° 2000-719 du 1er août 2000 et du 21 juin 2004, régissant les droits et les obligations des différents acteurs de l'Internet. Le fournisseur d'accès ou « *provider* » permet aux utilisateurs, personnes morales et physiques, d'accéder aux informations et prestations d'Internet. L'opérateur permet la connexion au réseau téléphonique. L'opérateur est parfois fournisseur d'accès. L'hébergeur accueille sur son serveur différents sites référencés et informations. Pour les autres acteurs, comme les exploitants de forum de discussion, les régimes de responsabilité classiques précédemment étudiés s'appliquent.

a – L'hébergeur

Les hébergeurs sont définis comme « les personnes physiques ou morales qui assurent, même à titre gratuit, le stockage de signaux, d'écrits, d'images, de sons ou de messages de toute nature fournis par des destinataires de ces services ». Ils ne sont pénalement ou civilement responsables du fait du contenu de ces services que, s'ils avaient effectivement connaissance de leur caractère illicite et n'ont pas agi promptement pour empêcher l'accès à ce contenu. L'hébergeur ne peut être tenu responsable pour faute des pages Web, sites, hébergés sur son serveur, à moins qu'il ait été saisi par une autorité judiciaire au sujet du site ou de la page litigieuse. Dans ce cas, il doit faire preuve de diligence et écarter de son serveur le site litigieux. Il peut le faire aussi spontanément, dès qu'il a un doute sur la compatibilité du site au regard de la loi. Ce peut être le cas lorsque le propriétaire du site reçoit une assignation devant le tribunal et que le fournisseur d'hébergement est informé de la saisine du juge ou qu'il se rouve lui-même mis en cause. Les lois du 1er août 2000 et du 21 juin 2004 respectent la finalité de la directive européenne du 8 juin 2000, en limitant la responsabilité du fournisseur d'hébergement dans les États membres de l'Union européenne.

b – Le fournisseur de contenu

- **La responsabilité du fournisseur de contenu**

Le responsable du contenu (site ou page Web), est celui qui fournit le site ou la page à l'hébergeur. Il est responsable selon les règles classiques de la responsabilité civile, de concurrence déloyale, du droit au respect de la vie privée, du Code de la propriété intellectuelle. L'entreprise ou Webmaster, personne physique ou morale, est responsable pénalement et civilement de ces contenus. La reproduction d'une page d'un site Internet concurrent par « copié-collé » constitue un acte de concurrence déloyale susceptible d'engager la responsabilité civile de l'auteur de l'acte. Celui-ci utilise indûment la valeur économique, l'investissement réalisé par autrui. De même, une société qui insère, dans les programmes sources de son site Internet, le nom et le sigle commercial, déposés au registre du commerce, de son concurrent, commet une faute susceptible d'engager sa responsabilité. Le créateur de site est aussi responsable des liens hypertextes permettant d'accéder à un site contrefait ou malfaisant.

Respect de la vie privé et droit à l'image sont aussi protégés sur Internet. Le créateur d'un site qui utilise la photographie d'une personne sur ce dernier doit obtenir l'autorisation de celle-ci, mais cela peut ne pas suffire. *Paris Match* a été condamné dans l'affaire « Loana et son bébé » pour avoir divulgué un reportage sur la fille Mindy de Loana avec des photographies privées de Loana. Ce reportage avait été diffusé sur le site Internet de *Paris Match* sans le consentement de l'intéressée.

L'autorisation de l'intéressé doit aussi porter sur la modification de son image. Un salarié de l'entreprise TATI, qui avait autorisé la mise sur le site TATI de sa photo, a fait condamner son employeur à des dommages-intérêts pour avoir modifié son image. Le visage du salarié s'animait grâce à un clin d'œil qualifié d'aguicheur. Le salarié n'avait pas donné son consentement au traitement numérisé de sa photographie.

La loi du 30 septembre 1986 modifiée le 1er août 2000 impose aux créateurs de sites de s'identifier. L'éditeur professionnel de service de communication doit faire apparaître sur le site des mentions obligatoires d'identification qui ne s'imposent pas de la même façon à l'éditeur non professionnel.

- **Le nom de domaine**

Le fournisseur de contenu dispose d'un nom de domaine enregistré auprès d'un organisme de gestion habilité. Souvent, le nom de domaine correspond à la marque de l'entreprise enregistrée. L'antériorité de l'enregistrement confère l'attribution du nom de domaine, ayant pour suffixe com, net, org ou fr, sous la réserve de ne pas violer le droit de marque. Le premier arrivé est donc le premier servi.

Le réseau de communication sur Internet, appelé World Wide Web, comprend six domaines généraux gérés par des organismes américains et 239 domaines nationaux.

Les noms de domaine « fr » sont gérés par l'AFNIC par délégation de l'autorité centrale américaine (Internet Assigned Numbers Authorithy). Les noms « com » (pour les entités commerciales), « org » (organisations non gouvernementales), « int » (organisations internationales), sont gérés par l'organisme international ICANN ou un organisme accrédité appelé « registrar ».

Le fournisseur de contenu, qui a enregistré son nom de domaine, dispose d'un droit d'usage sur son signe distinctif. L'entreprise qui sollicite l'enregistrement de sa marque ou de sa dénomination commerciale comme nom de domaine doit fournir le certificat d'enregistrement de sa marque et/ou un extrait du registre du commerce et des sociétés (K-bis ; SIRET).

Le contentieux relatif au nom de domaine se développe rapidement. Le juge a estimé que « ne peuvent être choisis comme noms de domaines, tous les éléments qui peuvent être considérés comme un signe distinctif tel qu'un nom commercial, une enseigne, une dénomination sociale, une marque ». Le nom de domaine peut heurter un droit sur une marque ou sur une dénomination sociale.

Concernant, le droit sur la marque, « l'emploi d'une marque jouissant d'une renommée, pour des produits ou services non similaires à ceux désignés dans l'enregistrement, engage la responsabilité civile de son auteur s'il est de nature à porter préjudice au propriétaire de la marque. L'Oréal avait déposé en 1995 la marque Vichy et était titulaire du nom de domaine « vichy.fr ». Mais le nom « vichy.com » était pris par une personne physique. Ce qui empêche l'Oréal de promouvoir ses produits à l'international. Le juge reconnaît que la marque « Vichy » a acquis une renommée certaine en France et à l'étranger auprès d'un large public, tant par son ancienneté que sa médiatisation. Il en déduit qu'elle doit bénéficier de la protection conférée aux marques notoires. Il conclut que l'utilisation de la reproduction de la marque « Vichy » à titre de nom de domaine sur le réseau Internet constitue un acte de contrefaçon.

Le juge reconnaît cette protection uniquement « aux marques notoires » lorsque les parties aux litiges commercialisent des produits ou des services non similaires. S'ils sont en concurrence et commercialisent des produits ou services similaires la responsabilité du contrefaisant sera plus facile à engager en raison du risque de confusion entre le nom de domaine et la marque, confusion, qui nous le rappelons, est constitutif d'un acte de concurrence déloyal.

Concernant, la dénomination sociale, l'utilisation du nom « champagnecéréales.com » correspondant à la dénomination sociale d'une société française agricole de notoriété internationale, est constitutif d'une faute car ce nom de domaine entraîne une confusion dans l'esprit du public. En revanche, l'utilisation de « alice.fr » par une SNC, au détriment de la SA Alice n'est pas un acte constitutif de confusion car le prénom Alice est commun et que les deux sociétés ont des activités totalement différentes.

c – L'opérateur et le fournisseur d'accès

- **L'opérateur**

La loi du 26 juillet 1996 définit l'opérateur comme toute personne physique ou morale exploitant un réseau de télécommunications ouvert au public et fournissant au public un service de télécommunications. Cet opérateur n'est pas responsable des informations diffusées par le fournisseur de contenu. Comme le fournisseur d'hébergement, l'opérateur doit collaborer avec l'autorité administrative ou judiciaire pour mettre fin à toute infraction pouvant émaner de lui-même ou du fournisseur de contenu ou d'hébergement. L'article 12 de la directive européenne sur le commerce électronique du 8 juin 2000 va dans ce sens. Elle indique que le prestataire de service sur un réseau de communication n'est pas responsable des informations transmises à condition que le prestataire ne soit pas à l'origine de la transmission, ne sélectionne pas le destinataire de la transmission et ne sélectionne pas et ne modifie pas les informations faisant l'objet de la transmission.

En définitive, la loi du 21 juin 2004 ne soumet pas l'opérateur à une obligation générale de surveiller les informations qu'il transmet ou stocke, ni à une obligation générale de rechercher des faits ou des circonstances révélant des activités illicites. Cette limitation de responsabilité s'applique aussi au fournisseur d'accès.

• **Le fournisseur d'accès**

Le fournisseur d'accès au réseau est celui qui offre un accès à des services de communication au public en ligne. Son régime de responsabilité est comparable à celui de l'opérateur. La loi du 21 juin 2004 et l'article 12 de la directive européenne sur le commerce électronique s'appliquent de la même façon au fournisseur d'accès.

Le droit français prévoit une obligation spécifique pour le fournisseur d'accès qui doit d'une part informer les abonnés de l'existence de moyens techniques permettant de restreindre l'accès à certains services ou de les sélectionner, et d'autre part, proposer au moins un de ces moyens. Mais au-delà de cette obligation technique, les fournisseurs d'accès à Internet sont tenus de conserver des données de connexion des internautes et cela afin de poursuivre les infractions pénales commises par ces derniers. Cette obligation est aussi valable pour les hébergeurs. Enfin, comme chacun, le fournisseur d'accès respecte les principes du droit de la responsabilité. Conformément au droit de la responsabilité déloyale, une publicité relative à une offre promotionnelle d'abonnement, faite par AOL, ne doit pas tromper le client. Le juge estime que « l'emphase, qui permet de mettre en exergue que les avantages du produit vanté, n'autorise pas le commerçant à cacher les éléments qui viennent contredire le slogan publicitaire ». Lorsque le fournisseur d'accès indique qu'il offre cinquante heures de connexion pour « 99 francs » en omettant de préciser que ce tarif ne vaut que pour un abonnement de vingt-quatre mois, il trompe son client. La publicité est qualifiée de trompeuse, et devra cesser.

d – L'utilisateur d'Internet

Comme on le sait, l'utilisateur d'Internet doit respecter les règles classiques de la responsabilité civile, de concurrence déloyale, du droit au respect de la vie privée, du Code de la propriété intellectuelle. Sa responsabilité peut donc être engagée en cas de violation de ces règles de droit. L'utilisateur, particulier ou entreprise, qui met sur le net un article de presse sans autorisation viole le droit d'auteur du journaliste. S'il met les photographies d'une personne sans son autorisation, il violera les dispositions de l'article 9 alinéa premier du Code civil. En outre, l'internaute qui envoie aux autres internautes des « *spamming* » ou courriers non sollicités, peut voir sa responsabilité contractuelle engagée vis-à-vis du fournisseur d'accès, ou délictuelle (responsabilité civile) vis-à-vis des autres internautes.

e – Le journaliste

Le journaliste est un auteur d'œuvre d'information. Il bénéficie donc de la protection classique accordée par les droits d'auteurs. Le droit moral sur l'œuvre et les droits patrimoniaux constituent les attributs du droit d'auteur du journaliste. L'entreprise éditrice respecte les droits d'auteurs du journaliste qu'il détient sur son œuvre d'information. L'œuvre doit être cédée par convention à l'entreprise éditrice qui se voit transmettre les droits d'auteurs.

Partant, le problème de la mise en ligne des articles rédigés par les journalistes a été largement abordé par les juges. Une fois les droits d'auteurs cédés, l'entreprise éditrice a-t-elle le droit de mettre les articles publiés en ligne sans acquérir l'accord du journaliste ? La question sous jacente est aussi financière. La rémunération versée au journaliste est-elle épuisée dès la première publication ? Dans ce cas, l'article publié à nouveau sur un autre support comme celui d'Internet peut-il ouvrir droit à une rémunération supplémentaire ? Dans l'affaire « *Le Figaro* » (Cour de cassation, 2001), le juge affirme qu'en l'absence de convention expresse, « la rémunération versée au journaliste n'emporte qu'un droit de reproduction épuisé dès la première publication sous la forme convenue par les parties ». Le juge poursuit en indiquant que « si toute publication dans plus d'un journal, c'est-à-dire sur un autre support de même nature, est proscrite, a fortiori en est-il ainsi de la reproduction des articles sur un nouveau support résultant de la technologie récente… » Ainsi, toute nouvelle publication nécessite l'autorisation du journaliste, qui pourra librement négocier dans la convention une nouvelle rémunération.

f – Les juridictions et les lois compétentes

- **Les compétences en matière de délits**

Le contentieux relatif à Internet possède une dimension Internationale. Ce caractère international fait que lors d'un contentieux entre acteurs d'Internet, des conflits de juridiction et des conflits de lois peuvent apparaître. Quel est le juge compétent pour trancher le litige ? Est-ce que c'est le droit français qui doit s'appliquer ou le droit étranger ? Que l'on soit en matière de compétence de juridiction ou de loi applicable, le critère retenu est le lieu où s'est produit le fait dommageable ou lieu du dommage subi. En ce qui concerne des actes de contrefaçon à partir d'un site Internet relatif à des services proposés par une société depuis son site, est compétente la juridiction dans le ressort de laquelle sont reçus ces services. Si ces services préjudiciables sont reçus en France, le juge français est compétent. Le juge appliquera le droit français ou loi française pour trancher le litige subi en France et ce même si la société est étrangère.

Ces règles sont valables pour les délits subis par une entreprise à travers Internet. Les règles de compétence de juridictions et de lois applicables sont différentes lorsque la source du litige se trouve dans un contrat.

- **Les compétences en matière de contrat**

En matière de litige contractuel, le demandeur peut saisir soit le tribunal du domicile du défendeur, soit le tribunal du lieu où l'obligation litigieuse a été ou devait être exécutée. En outre, la loi applicable sera celle choisie par les parties. À défaut de choix, le contrat est régi par la loi du pays avec lequel il présente les liens les plus étroits. Le juge se référera à la prestation la plus caractéristique du contrat (vendre, louer...) correspondant au lieu de résidence de la personne qui réalise cette prestation caractéristique (loi de la résidence du vendeur, du loueur...).

3 – Les droits et les obligations des acteurs de l'informatique

Les acteurs de l'informatique, créateurs et exploitants de logiciel ou de base de données, ont des droits et des obligations spécifiques à leur régime.

a – Les logiciels

Le régime juridique des créateurs et exploitants de logiciel ou de « programmes d'ordinateur» relève principalement du droit de la propriété intellectuelle et du droit des contrats.

- **L'originalité du logiciel**

Afin de relever de la protection des droits d'auteurs, la création d'un logiciel doit faire preuve d'originalité. Cette originalité est caractérisée lorsque l'auteur a fait preuve d'un « effort personnalisé allant au-delà de la simple mise en œuvre d'une logique automatique et contraignante ». L'apport intellectuel relève du domaine de l'appréciation souveraine du juge. En cas de litige, l'expert pourra assister le juge pour révéler l'effort créatif de l'auteur. Les systèmes d'exploitation et systèmes experts dépendent le plus souvent du régime des droits d'auteurs en raison de leur complexité et originalité qui est présumée. Les logiciels d'exploitation et application générées doivent, là encore être suffisamment originaux pour bénéficier de la protection.

Le dépôt du logiciel à la bibliothèque nationale des progiciels et des systèmes experts est facultatif et joue comme règle de preuve.

- **La création du logiciel dans l'entreprise**

La création du logiciel relève de la propriété du créateur sauf si celle-ci est réalisée dans le cadre de son entreprise, dans ce cas les droits d'auteurs appartiendront à l'employeur. L'article L. 113-9 va dans ce sens, il dispose que « sauf dispositions statutaires ou stipulations contraires, les droits patrimoniaux sur les logiciels et leur documentation créés par un plusieurs employés dans l'exercice de leurs fonctions ou d'après les instructions de leur employeur sont dévolus à l'employeur qui est seul habilité à les exercer ». Le tribunal de grande instance du siège social de l'employeur est compétent pour régler tout différend entre employeur et employé.

- **Les droits patrimoniaux et le droit moral relatifs au logiciel**

L'exercice des droits patrimoniaux et du droit moral déroge sur certains points au droit commun. En matière de droits patrimoniaux et conformément à l'article L. 122-6 du CPI, l'auteur dispose d'un droit de reproduction du logiciel, un droit d'adaptation du logiciel (arrangement ou modification du logiciel), un droit de distribution du logiciel à titre onéreux ou gratuit. Le droit de distribution est soumis à la théorie communautaire de l'épuisement des droits. Une fois que l'auteur a mis le logiciel sur le marché communautaire ou d'un État de l'espace économique européen, il ne peut plus s'opposer à son importation dans ces pays.

L'article L. 122-6-1 prévoit des exceptions au droit de reproduction et d'adaptation. L'accord de l'auteur n'est pas nécessaire pour corriger les erreurs du logiciel sauf stipulation contractuelle contraire. Aucune autorisation de l'auteur n'est nécessaire pour faire une copie de sauvegarde en vue de préserver l'utilisation du logiciel. Le droit à la copie de sauvegarde pour l'utilisateur légitime du programme est consacré.

L'utilisateur du logiciel peut encore étudier et tester le fonctionnement du logiciel afin de déterminer les idées et principes qui sont à la base de n'importe quel élément du logiciel lorsqu'il effectue toute opération de chargement, d'affichage, d'exécution, de transmission ou de stockage du logiciel qu'il est en droit d'effectuer.

En outre, n'est pas soumise à l'autorisation de l'auteur la reproduction du code du logiciel pour obtenir les informations nécessaires à l'interopérabilité du logiciel avec d'autres logiciels. On parle de décompilation du logiciel. Toutefois le législateur prévoit trois limites à la possibilité de reproduire le code :

- les actes doivent être accomplis par la personne ayant le droit d'utiliser le logiciel ou une personne habilitée ;
- les informations nécessaires à l'interopérabilité ne doivent pas avoir été rendues accessibles ;
- les actes doivent être limités aux parties du logiciel d'origine nécessaire à cette interopérabilité.

Ces informations acquises doivent être strictement utilisées pour la réalisation de l'interopérabilité des logiciels. Elles ne doivent point être communiquées à des tiers ou être utilisées pour réaliser des copies.

De plus, l'article 122-6-2 du CPI indique que toute publicité ou notice d'utilisation relative aux moyens permettant la suppression ou la neutralisation de tout dispositif technique protégeant un logiciel doit mentionner que l'utilisation illicite de ces moyens est passible des sanctions prévues en cas de contrefaçon. Ce texte encadre le « déplombage » de logiciel.

Concernant le droit moral que possède l'auteur sur le logiciel : l'article L. 121-7 dispose que sauf stipulation contraire dans un contrat, l'auteur du logiciel ne peut s'opposer à la modification du logiciel par le cessionnaire des droits, lorsqu'elle n'est préjudiciable ni à son honneur ni à sa réputation, et ne peut exercer son droit de repentir ou de retrait. Le droit au respect de son œuvre perd de sa force. Le droit de repentir et de retrait n'est pas reconnu à l'auteur. Par conséquent, la portée du droit moral de l'auteur du logiciel est considérablement réduite par rapport au droit commun.

- **La contrefaçon de logiciel**

L'auteur du logiciel dispose, au regard de l'article L. 332-4 du CPI, de moyens pour s'opposer à toute contrefaçon de logiciel. C'est le président du tribunal de grande instance, saisi sur requête, qui autorise la saisie contrefaçon. Elle est en général réalisée par l'huissier accompagné si nécessaire par un expert désigné. L'auteur du logiciel doit assigner les contrefaisants dans la quinzaine de la saisie à peine de nullité.

Les licences de logiciels dits « libres » entrent parfois, sans le savoir, dans le périmètre de l'action en contrefaçon. Le fait de permettre à un utilisateur ou licencié, dans un contrat en toute gratuité de copier, de modifier ou de distribuer le logiciel, ne peut prévaloir sur les dispositions du Code de la propriété intellectuelle qui pourra toujours s'imposer aux parties. Cependant, le copyleft (que l'on oppose à copyright) a le mérite d'interpeller. Ce logiciel libre, en instaurant la gratuité et la liberté d'utilisation au mépris parfois de l'esprit des règles du droit de l'auteur, révèle le défi de certains face à une logique marchande. Le droit d'auteur n'est quant à lui pas partisan. Il est susceptible de s'adapter à l'utilisation et à l'exploitation du logiciel souhaitée par nos sociétés. Le logiciel libre joue un rôle réel dans cette évolution.

- **La fourniture de logiciel et la maintenance**

La fourniture d'un système d'exploitation (logiciel) ou d'un programme (progiciel) relève de la liberté contractuelle et donc des clauses insérées dans le contrat. Le contrat de fourniture de logiciel est soit un prêt (rare), soit une cession du logiciel (contrat de vente), ou un droit d'usage personnel sous la forme d'une licence (contrat de bail ou contrat d'exploitation). En revanche, le contrat de conception de logiciel est un contrat d'entreprise. Ce dernier contrat prévoit les modalités d'utilisation du produit comme du programme-source. Le produit doit être conforme à sa destination, il doit fonctionner, même si le juge peut accepter une certaine marge d'erreurs du produit ce qui conduit certains auteurs à affirmer que le fournisseur est tenu à une obligation de moyens et non de résultat (Lucas, Devèze et Frayssinet, 2001).

Pour tous ces contrats le fournisseur possède une obligation de conseil qui va plus loin que la simple obligation d'information. Le fournisseur doit adapter le produit au besoin et mettre en garde sur les difficultés prévisibles. Le manquement à cette obligation peut entraîner la résolution du contrat et l'octroi de dommages-intérêts pour le client. La garantie des vices cachés semble s'appliquer à tous ces contrats (vente, louage, contrat d'entreprise), mais les clauses limitatives de responsabilité de cette garantie sont nulles uniquement pour le contrat de vente.

Le contrat de maintenance informatique, accessoire ou non du contrat principal, engendre une obligation préventive et curative du mainteneur envers le logiciel. Il a une obligation de moyen puisqu'il ne peut garantir le bon fonctionnement de l'appareil, sauf pour les prestations simples comme le remplacement d'une pièce ou sa disponibilité qui constitue une obligation de résultat. Il n'y a donc pas, à proprement parler de maintenance de logiciel, mais plutôt de suivi du logiciel. La clause de secours permet de mettre à disposition du client, en cas de panne sérieuse, un système compatible avec ses besoins.

b) Les bases de données

- **L'originalité des bases de données**

Droits d'auteurs classiques et droits spécifiques (ou *sui generis*) protègent les auteurs et exploitants d'une base de données. Mais pour relever du droit de la propriété intellectuelle, la base de donnée doit faire preuve d'originalité et d'un apport intellectuel. Un travail de compilation n'est pas protégé en soi. La forme de la base de donnée peut caractériser son originalité.

- **Le droit spécifique du producteur de bases de données**

Le producteur d'une base de données, entendu comme la personne qui prend l'initiative et le risque des investissements correspondants, bénéficie d'une protection du contenu de la base lorsque la constitution, la vérification ou la présentation de celui-ci atteste d'un investissement financier, matériel ou humain substantiel (art. L. 341-1 du CPI). Le législateur entend ainsi protéger les investissements souvent considérables réalisés par le producteur de base de données. Ce droit est un droit spécifique ou protection spécifique prévue par le législateur, distinct des droits d'auteurs et des droits voisins. Le producteur de base de données peut, selon l'article L. 342-1 du CPI, interdire l'extraction ou la réutilisation d'une partie substantielle du contenu d'une base de données. Ainsi, lorsqu'une entreprise produit une base de données, qu'elle justifie d'investissements substantiels, alors elle peut s'opposer à l'extraction d'une partie substantielle du contenu par une autre entreprise. En guise d'exemple, une société française d'expositions et de salons crée un annuaire ou répertoire des exposants comportant toutes les informations utiles afférentes aux exposants. Une SARL, la société « Tigest » offre en location des bases de données extraites de l'annuaire. Devant le juge, la société française d'exposition revendique les articles L. 341-1 et L. 342-1 du CPI afin d'interdire l'extraction des données de son annuaire. La Cour d'appel constate que l'annuaire édité à l'occasion d'expositions ou salons, qui regroupent l'ensemble des informations relatives à chaque exposant présenté selon un mode alphabétique mais également selon les différents secteurs d'activités et les zones géographiques de leur entreprise, constitue une base de données. La Cour vérifie ensuite la présence d'investissements substantiels financier, matériel ou humain, mis en œuvre par la société pour réaliser la base de données. Enfin, le juge apprécie l'extraction d'une partie quantitativement substantielle du contenu de la base de données sur un autre support par la société « Tigest » sans l'autorisation du producteur. La société « Tigest » a bien extrait et réutilisée une partie substantielle de la base de donnée en violation des dispositions du Code de la propriété intellectuelle (CA Paris, 2001).

Le producteur d'une base de données peut aussi s'opposer à l'extraction ou la réutilisation d'une partie non substantielle d'une base de données lorsque celle-ci est répétée et systématique et lorsque ces opérations excèdent manifestement les conditions d'utilisation normale de la base de données. En revanche, le producteur ne pourra plus faire valoir son droit d'interdiction lorsque la base de données, mise à la disposition du public, est extraite ou réutilisée par une personne qui y a licitement accès. Il en est de même pour l'extraction à des fins privées du contenu d'une base de données non électronique. En outre, la théorie communautaire de l'épuisement des droits s'applique en cas de vente d'une copie matérielle de la base de données dans la Communauté européenne ou l'Espace économique européen. Le contrôle de la revente de la base de données dans ces pays échappe alors au producteur.

- **La protection dans le temps et dans l'espace du producteur de bases de données**

La durée des droits conférés au producteur expire quinze ans après le 1er janvier de l'année civile à compter de l'achèvement de la fabrication de la base de données. Chaque nouvel investissement du producteur relance le délai de quinze ans. L'atteinte aux droits du producteur d'une base de données est punie de deux ans d'emprisonnement et de 15 000 euros. Les bases de données, comme l'œuvre multimédia d'ailleurs, doivent faire l'objet d'un dépôt légal lorsqu'elles sont mises à la disposition du public.

En outre, l'utilisation d'une base de données est encadrée par le contrat. Une licence d'utilisation d'une base de données peut être conférée par l'auteur ou le producteur de la base de données à son client. Elle intègre les mises à jour des données. Un contrat d'abonnement peut remplacer le contrat de licence.

II – La protection des données personnelles

La loi « informatique et libertés » du 6 janvier 1978 réglemente la création et l'utilisation des traitements automatisés d'informations nominatives à caractère public ou privé. Les directives communautaires du 25 octobre 1995 et du 12 juillet 2002 organisent la protection des personnes physiques du traitement des données à caractère personnel et assurent la libre circulation des données

(A). Avec Internet, la protection des données personnelles est rendue plus difficile. Elle se heurte à des données techniques malaisées à maîtriser (B).

A – Les principes français et communautaires de protection des données personnelles

Loi française (1) et directives communautaires (2) assurent la protection des données personnelles.

1 – La loi française « informatique, fichiers et libertés »

a – Le contrôle des informations nominatives

La loi du 6 janvier 1978 encadre la collecte, l'enregistrement, l'élaboration, la conservation d'informations nominatives. Cette loi a été modifiée le 6 août 2004. Avant cette modification, les traitements automatisés réalisés pour le compte d'une personne publique faisaient l'objet d'une autorisation préalable de la Commission nationale informatique et liberté (CNIL). En revanche, une simple déclaration préalable à la CNIL suffisait lorsque le traitement automatisé était réalisé pour le compte d'une personne privée. Désormais, cette distinction secteurs « public et privé » ne joue plus. Le contrôle *a priori* est allégé et perdure à l'égard des traitements « susceptibles de présenter des risques particuliers » énumérés à l'article 25 de la loi. Les obligations de déclaration préalable des traitements automatisés sont aussi limitées. En revanche, le contrôle *a posteriori* est renforcé, la CNIL disposant entre autres d'un pouvoir de sanctions pécuniaires.

b – La collecte des données sur Internet

Les données nominatives collectées sur Internet relèvent de ce régime juridique. Les données collectées dans les forums de discussion et les traces collectées par les divers utilisateurs de l'Internet (personne physique ou organisme) qui en constituent un fichier, relèvent de ce régime d'autorisation préalable. Par traces, on pense au numéro IP (Internet Protocol) attribué par le fournisseur à l'utilisateur qui apparaît à chaque connexion et qui peut révéler l'identité de l'utilisateur, les pages et les sites consultés.

L'article 25 de la loi indique que « la collecte de données opérée par tout moyen, frauduleux, déloyal ou illicite est interdite ». Cette illicéité résulte du défaut d'information de la personne concernée qui doit conserver le droit de s'opposer au traitement de ses données personnelles. En outre, les informations collectées ne doivent pas être déformées ou communiquées à des tiers non autorisés. La collecte de données peut être autorisée lorsque celle-ci conserve l'anonymat des individus. Lorsqu'en revanche une information personnalisée risque d'être communiquée, le diffuseur de données doit obtenir l'accord de l'individu. Ainsi une information nominative ne peut être divulguée sans l'autorisation de l'intéressé, comme le prévoit l'article 43 alinéa 2 de la loi du 6 janvier 1978. Un numéro de téléphone, existant dans un fichier informatisé, est une information nominative. La divulgation d'une telle information a pour effet de porter atteinte à l'intimité de la vie privée de son titulaire. La finalité de l'utilisation, voire de l'exploitation, des données personnelles des individus doit respecter l'anonymat des individus ou le consentement de ces derniers en cas de divulgation d'informations.

2 – Le droit communautaire

a – La directive du 24 octobre 1995

La directive communautaire du 24 octobre 1995 s'applique au traitement de données à caractère personnel effectué sur le territoire communautaire, ou dépendant d'une loi d'un État membre, ou effectué à l'extérieur de la Communauté avec des moyens situés sur le territoire d'un État membre. La directive vise le traitement automatisé ainsi que le traitement non automatisé de données contenues dans un fichier.

La directive protège les droits et libertés des personnes en créant des principes et des obligations pour celui qui traite des données. Elle interdit le traitement des données à caractère personnel relevant de l'origine raciale, des opinions politiques ou religieuses, de l'appartenance syndicale, de la santé ou de la vie sexuelle, à moins que la personne concernée donne son consentement explicite. Elle crée pour les personnes concernées un droit d'information, d'accès à ces données et un droit d'opposition au traitement de données. Elle impose la notification des traitements auprès d'une autorité de contrôle. Elle limite le transfert de données à caractère personnel vers un État tiers, non européen, qui ne dispose pas d'un tel niveau de protection juridique. Elle a été transposée en France dans la loi du 6 août 2004.

b – La directive du 12 juillet 2002

Le Parlement européen et le Conseil ont renforcé la protection de la vie privée, en ce qui concerne le traitement des données à caractère personnel, dans le secteur des communications électroniques. Dans ce sens, la directive vise à assurer la confidentialité des communications pour chacun. Elle s'attaque aux messages électroniques à caractère commercial non sollicités dits « *spamming* », pour lesquels les destinataires doivent donner leur accord préalable avant de les recevoir.

La directive traite le problème des cookies ou témoins de connexion, qui sont des informations échangées entre l'utilisateur et le serveur, sauvegardées sur le disque dur de l'utilisateur. L'utilisateur peut refuser que le témoin de connexion soit placé sur leur ordinateur. Cette directive s'applique, à défaut de transposition par l'État membre, depuis le premier novembre 2003 et sera réexaminée tous les trois ans.

Parallèlement à cette réglementation, le Parlement et le Conseil avaient adopté le 25 janvier 1999 un plan d'action communautaire pluriannuel visant à promouvoir une utilisation sûre d'Internet par la lutte contre les messages à contenu illicite et préjudiciable diffusés sur les réseaux mondiaux. Par exemple, ce programme financier vise à promouvoir l'autorégulation de l'industrie de contenu sur Internet sur des sujets sensibles comme la pornographie et le racisme.

B – La protection des données personnelles sur Internet

La limitation de la collecte des données personnelles sur Internet (1) et la préservation du secret des correspondances (2), constituent des enjeux importants pour le particulier et le salarié.

1 – La collecte des données sur Internet

Le consommateur d'informations sur Internet, communique à autrui et souvent à son insu, des données personnelles. En effet, l'internaute qui connecte son ordinateur s'identifie en divulguant au fournisseur d'accès son adresse (adresse IP), celle de son destinataire, la date, l'heure de connexion, la requête, le message... Ces données de communications sont consignées dans un fichier log. Si le fournisseur utilise ou permet la commercialisation de ces données, il viole la loi. Mais il est difficile de déceler ces violations. C'est pourquoi le législateur, pour la confiance en l'économie numérique, encadre la conservation de ces données de communication. Non seulement, le législateur entend mieux contrôler le stockage et la conservation de ces données personnelles, mais il permet, parfois au détriment de l'internaute, de mieux poursuivre toute personne qui commet des infractions pénales. Pour cela, le fournisseur d'accès conserve ces données de communications dans le respect de l'anonymat de l'internaute et du cadre légal. Il doit informer l'internaute de cette collecte et obtenir son consentement en cas d'utilisation commerciale de ces données.

Les cookies ou d'autres programmes peuvent avoir la même fonction que les fichiers log, puisqu'ils permettent la collecte d'informations relatives à l'internaute. Ces *cookies*, *spywares*, fichiers textes fixés sur le disque dur de l'ordinateur de l'internaute, enregistrent les informations souhaitées. L'émetteur de cookies, qui est susceptible d'utiliser ces informations à des fins de marketing, devra respecter les obligations précédemment présentées. En somme, l'internaute doit être informé des techniques de collecte d'information, doit donner son consentement et doit pouvoir user de son droit d'opposition.

2 – Le secret des correspondances du salarié dans l'entreprise et Internet

La quête de l'information sur Internet pose d'autres problèmes liés au respect de la vie privée. L'internaute qui navigue sur le net laisse des traces dans le répertoire cache de l'ordinateur. Il est possible à quiconque de retrouver la recherche ou la balade sur le net opérée par l'internaute. En conséquence, l'internaute doit être informé de la possibilité de vider la mémoire cache de l'ordinateur. On imagine facilement le litige que pourrait occasionner une telle découverte par l'employeur sur l'ordinateur d'un employé internaute sur le lieu de travail. Serait-ce une cause de licenciement ? L'usage abusif sur le lieu de travail par le salarié d'Internet ou de sa messagerie électronique peut être une cause de licenciement. En revanche, l'employeur ne peut avoir accès au contenu des correspondances ou des recherches faites sur Internet par le salarié même sur son lieu de travail, car dans ce cas il serait susceptible de violer la vie privée du salarié. La Cour de cassation précise que le salarié, même sur le lieu du travail, a droit au respect de l'intimité de sa vie privée, en référence au droit du secret des correspondances. L'employeur ne peut donc prendre connaissance des messages personnels émis par le salarié et reçus par lui grâce à un outil informatique mis à sa disposition pour son travail, et ceci même au cas où l'employeur aurait interdit une utilisation non professionnelle de l'ordinateur. Un salarié de la SAS Carrefour France avait été licencié pour être sorti du réseau intranet en vue d'envoyer des messages scabreux à des anciens collègues. Dans cette affaire le juge a estimé que l'employeur ne peut, sans violation de la liberté fondamentale du salarié au respect de sa vie privée, qui implique en particulier le secret des correspondances, prendre connaissance du contenu des messages personnels émis par le salarié et reçus par lui grâce à un outil informatique mis à sa disposition pour son travail et ce, même au cas où l'employeur aurait interdit une utilisation non professionnelle de l'ordinateur ayant servi à cet échange de correspondances. À la différence de l'usage de l'ordinateur, le contenu de la trace laissée par le salarié dans l'ordinateur de l'entreprise entre dans le champ d'application de la protection des données personnelles et du respect de la vie privée.

En définitive, Internet révèle, pour les NTIC en général, la difficile conciliation entre d'un côté la protection de la vie privée et des données personnelles, et de l'autre le développement d'une activité économique caractéristique de la mondialisation de l'économie. La société de l'information, à l'image d'Internet, n'est pas seulement un nouveau marché, mais un véritable projet de société. Elle passera certainement par une « *e*-éthique » à construire par les acteurs économiques, les États et les institutions européennes et internationales.

Le récepteur de message et d'information se voit conférer des droits par les institutions nationales et internationales. Il s'agit souvent d'une véritable protection juridique, qui bénéficie seulement à certaines catégories de récepteurs, comme les enfants et les consommateurs (chapitre 7). D'autres droits, plus spécifiques, intéressent, non seulement le particulier-consommateur mais aussi l'entreprise, il s'agit du droit à l'information (chapitre 8) et du droit de réponse (chapitre 9).

Troisième partie

Le droit du récepteur

7

LA PROTECTION DE CERTAINES CATÉGORIES DE RÉCEPTEURS

Le droit national et international protège certaines catégories de récepteurs ou de destinataires de message et d'information. Ces catégories regroupent des personnes considérées en état de faiblesse ou nécessitant une protection renforcée. Le consommateur de biens et de services entre dans cette catégorie. Cette protection juridique du consommateur s'opère lors de l'acte de consommation, c'est-à-dire au moment de la conclusion du contrat de consommation (I). Elle peut s'organiser en amont du contrat lors de la réception du message publicitaire ou d'un message similaire (II). Enfin, le droit national et international organise la protection juridique du mineur, particulièrement vulnérable, au regard des images et messages qu'il est susceptible de percevoir (III).

I – La protection du consommateur liée au contrat

Le consommateur se définit comme toute personne physique qui agit à des fins n'entrant pas dans le cadre de son activité professionnelle. Le professionnel (vendeur, fournisseur) se définit comme toute personne qui agit dans le cadre de son activité professionnelle. Le droit de la consommation prévoit des règles protectrices spécifiques au consommateur, le professionnel ne peut donc en bénéficier. L'objectif de protection prend en compte les risques liés aux nouvelles technologies de l'information et de la communication. Par exemple, le législateur impose à l'opérateur de téléphonie vocale de facturer les communications métropolitaines à la seconde (nouvel article L. 113-4 du Code de la consommation). Mais cette protection du consommateur se manifeste singulièrement dans les contrats dits « à distance » et le commerce électronique. La passation d'un contrat sur Internet sans contact direct avec le vendeur, l'essor du commerce électronique et les systèmes de paiement afférents à ces techniques de vente sont appréhendés par le droit national et communautaire. Il convient donc d'envisager successivement la vente à distance (A) et le commerce électronique (B).

A – La vente à distance

Avec un cadre juridique national et communautaire (1), le droit relatif aux ventes à distance s'intéresse particulièrement à la prospection et à l'offre de contrat (2), aux délais de rétractation (3) et de livraison (4), à la loi applicable au contrat (5).

1 – Le cadre juridique de la vente à distance

L'article L. 121-16 et suivants du Code de la consommation réglemente la vente d'un bien conclue entre un consommateur et professionnel, sans leur présence physique, qui pour la conclusion de ce contrat, utilisent exclusivement une technique de communication à distance. Les NTIC et Internet trouvent ici leur terrain de prédilection en matière de vente. La nouvelle rédaction du Code de la consommation en matière de vente à distance résulte de l'ordonnance du 23 août 2001 qui transpose en France la directive communautaire du 20 mai 1997. Cette directive protège le consommateur contre « l'achat impulsion », celui-ci succombant contre raison, au caractère attractif et performant de ces techniques de vente. Ces textes ne s'appliquent pas aux services financiers.

2 – De la prospection à l'offre de contrat

a – La prospection et la publicité en ligne

Certaines techniques de prospection sont interdites. L'article L. 121-20-5 du Code de la consommation, transposant la directive communautaire du 12 juillet 2002, interdit « la prospection directe par un professionnel, au moyen d'automates d'appel, de télécopieurs, ou d'un courrier électronique utilisant, les coordonnées d'une personne physique (ou consommateur) qui n'a pas exprimé son consentement » à recevoir de tels appels.

Ainsi, la publicité en ligne par la méthode du *spamming* commercial (envoi massif de courriers électroniques), est interdite sauf autorisation de l'internaute. Cette interdiction est effective depuis le 1er novembre 2003. Le nécessaire accord du consommateur à une prospection commerciale se généralise à la plupart des techniques de prospection agressives. La loi du 21 juin 2004 pour la confiance dans l'économie numérique a donc réalisé cette transposition du droit communautaire. Le texte précise qu'il est toutefois possible d'envoyer directement un courrier publicitaire sous les conditions cumulatives suivantes : si les coordonnées ont été directement recueillies par le destinataire et si la prospection concerne des produits ou services fournis par la même personne physique ou morale, et si le destinataire se voit offrir la possibilité de s'opposer sans frais à l'utilisation de ses coordonnées. Dans ce cas, le professionnel indique dans son courrier publicitaire l'adresse à laquelle le destinataire peut transmettre une demande tendant à obtenir que ces communications cessent. Le législateur consacre la technique de l'*op-in* (consentement préalable) par rapport à l'*op-out* (consentement *a posteriori*). Dans l'attente d'une harmonisation mondiale en cours, il sera difficile de faire respecter cette réglementation par les professionnels implantés dans les pays tiers à l'union européenne.

b – L'offre de contrat

En matière d'offre de contrat, celle-ci doit comporter de nombreuses informations relatives au vendeur et présenter les caractéristiques essentielles du bien ou du service vendu. En cas de non-respect par le professionnel de ces informations, le consommateur peut demander la nullité du contrat en saisissant le juge compétent, qui est, le plus souvent, le tribunal d'instance, juge « naturel » du consommateur.

3 – Le délai de rétractation

La loi accorde un délai de rétraction (ou droit de repentir) au consommateur. Ce délai est de sept jours francs à compter de la livraison de sa commande. Le consommateur a la possibilité de revenir sur son consentement si le bien reçu ne lui convient pas, ou s'il change tout simplement d'avis. Dans ce cas, le professionnel est tenu de rembourser sans délai le consommateur et au plus tard dans les trente jours de la rétraction. Au-delà, la somme due est, de plein droit, productive d'intérêts légaux en vigueur. Le professionnel qui refuse de rembourser l'acheteur peut se voir infliger par le tribunal de police une contravention de 5e classe pour ce type d'infraction.

Conformément à son obligation d'information, le professionnel doit communiquer au consommateur la possibilité d'utiliser son droit de rétraction. En général, un bordereau de rétraction, détachable de la facture ou du bon de livraison, facilite l'exercice du droit de repentir. En cas de rétractation, l'acheteur supporte seulement les frais de retour.

Lorsque le paiement du prix du bien est financé par un crédit consenti par le fournisseur, l'exercice par le consommateur de son droit de rétractation emporte résiliation de plein droit du contrat de crédit destiné à en assurer le financement. Il convient de noter qu'une offre de crédit ou un contrat de crédit émis sur Internet est un contrat à distance qui doit respecter, en outre, les dispositions spécifiques de l'article L. 311-4 du Code de la consommation qui exige des mentions obligatoires pour toute publicité relative à une opération de crédit. Le message publicitaire diffusé sur Internet, support publicitaire, doit respecter les prescriptions de l'article L. 311-4 du Code de la consommation, même si l'internaute a eu une démarche active pour la consultation du site.

4 – Le délai de livraison

Sauf si les parties en conviennent autrement, le fournisseur doit exécuter la commande dans les trente jours à compter du jour suivant celui où le consommateur a transmis sa commande au fournisseur. En cas de défaut d'exécution, le consommateur doit être informé de l'indisponibilité du produit et doit pouvoir être remboursé dans les meilleurs délais (30 jours au plus tard). Au-delà de ce terme, les sommes versées par le consommateur sont productives d'intérêts au taux légal.

5 – La loi applicable au contrat de vente à distance

En cas de litige entre le consommateur et le vendeur ou le prestataire de service, le droit applicable fixé dans le contrat, lorsque les parties ont choisi une loi d'un État non-membre de la Communauté, peut être écarté par le juge au profit du droit ou de la loi de résidence habituelle du consommateur, si cette résidence est située dans un État membre. La loi française transpose la directive communautaire du 20 mai 1997 et assure son application par le juge français, même si le contrat, parfois d'adhésion, prévoit l'application de la loi du vendeur ou du prestataire. Ainsi, en cas de passation d'un contrat par un consommateur français avec une société située dans un pays tiers (Bahamas ; Antigua ; États-Unis ou autres), le juge français, saisi par le consommateur, peut déroger à la loi applicable dans le contrat au profit de la loi française plus protectrice du consommateur. Cette protection du consommateur est garantie par les législations de tous les États membres de la Communauté qui ont transposé dans leur ordre interne la directive du 20 mai 1997 relative aux contrats à distance. Ces règles et principes s'appliquent au commerce électronique.

B – Le commerce électronique

Le commerce électronique, fondé sur le traitement électronique et la transmission de données, regroupe le commerce par Internet, mais aussi le vidéotex, le télé-achat...

La part du commerce électronique dans les transactions en Europe s'élevait à 200 millions d'euros en 1999, alors que ce chiffre était de 26 milliards de dollars (ou d'euros) aux États-Unis. Face à cette faiblesse des États européens, la Communauté européenne, estimant les bienfaits en terme de croissance de l'Internet, a adopté le 8 juin 2000 la directive relative au commerce électronique. Cette directive harmonise certains aspects juridiques du commerce électronique dans le marché intérieur entre les États membres, telle que la conclusion du contrat de commerce électronique (1). Elle est d'ores et déjà applicable. Une directive du 13 décembre 1999 définit un cadre juridique pour le développement de la signature électronique (2). En revanche, en matière de paiement électronique, seules des recommandations émanent de la Communauté européenne qui n'ont pas force de loi. Le droit national relatif au paiement électronique demeure prédominant (3).

1 – La conclusion et l'exécution du contrat électronique

a – La conclusion du contrat électronique

Le commerce électronique est l'activité par laquelle une personne propose ou assure à distance et par voie électronique la fourniture de biens ou de services. La directive du 8 juin 2000 fait peser une obligation d'information sur les professionnels (prestataires de services), en ce qui concerne la nature et l'identité du prestataire et de la prestation. Le prestataire de service informe le contractant de la procédure contractuelle à suivre, de l'archivage du contrat, des langues proposées, des moyens techniques pour corriger les erreurs. Les conditions générales du contrat doivent pouvoir être reproduites et conservées par le cocontractant. Lors de la passation d'une commande, le prestataire doit accuser réception de la commande par voie électronique. Le consommateur doit avoir la possibilité d'identifier les erreurs commises dans la saisie des données, de les corriger et ce avant la passation de commande. Le principe du double-clic est ainsi consacré. Les professionnels prestataires intermédiaires entre les contractants (hébergeurs de site, société transporteuse d'information sur un réseau, société de stockage d'information), ne sont pas responsables des informations fournies ou stockées, à moins que ces professionnels aient eu connaissance du caractère illicite de ces informations, et qu'ils n'aient pas retiré promptement celles-ci. Une présomption d'irresponsabilité des intermédiaires est consacrée tant par la directive européenne que par le droit français.

b – L'exécution du contrat électronique

Le professionnel est responsable de plein droit à l'égard de l'acheteur de la bonne exécution des obligations du contrat. Il ne peut donc démontrer son absence de faute dans l'exécution du contrat. En revanche, il peut s'exonérer de sa responsabilité en invoquant, le fait (ou faute) de l'acheteur, d'un tiers au contrat ou un cas de force majeure.

2 – La signature électronique

La loi française du 13 mars 2000, conformément à la directive communautaire du 13 décembre 1999, met fin au monopole de l'écrit comme preuve. La preuve électronique ou signature électronique, a désormais la même force probante que l'écrit support papier. La dématérialisation de la signature est assurée par la loi.

La technique de la cryptologie dite « asymétrique » permet de mettre en œuvre la signature électronique à travers des certificats électroniques. Le certificat électronique est un document électronique possédant deux clés numériques. La clé publique identifie le consommateur et permet de crypter le message ou contrat. Une clé secrète ou privée permet de décrypter les messages ou les contrats reçus, elle permet de signer le contrat. Afin d'assurer la fiabilité liée à la signature électronique, l'organisme certificateur est chargé d'identifier les demandeurs de certificats, de la gestion des clés et du fichier crypté qu'il doit conserver. L'organisme certificateur contribue à la sécurité des transactions par l'identification précise des professionnels du commerce et du client-consommateur.

En cas de litige relatif à la signature électronique, le juge saisi conserve sa liberté pour apprécier la réalité de la preuve de la signature. L'art. 1316-2 du Code civil indique que « le juge règle les conflits de preuve littérale en déterminant par tous moyens le titre le plus vraisemblable, quel qu'en soit le support ».

3 – Le paiement électronique

Le paiement électronique se fait traditionnellement par la carte de crédit. Cependant, le développement de la monnaie électronique et du porte-monnaie électronique tend à favoriser la sécurité du paiement des transactions.

a – Le paiement par carte de crédit

Le moyen de paiement le plus utilisé dans le commerce électronique est la carte de crédit. Cependant, il demeure dangereux pour le consommateur de donner son numéro de carte de crédit en raison des risques d'interception. En sens inverse, le commerçant peut être confronté à un numéro de carte volé.

Le recours à un intermédiaire qui s'occupe des procédures de paiement, contribue à la sécurisation des paiements dans les transactions commerciales. Cet intermédiaire s'appuie sur la cryptologie qui renforce la sécurité des paiements en limitant les risques d'interception du numéro de carte de crédit. Mieux encore, le lecteur de carte bancaire à puce dans l'ordinateur du consommateur est susceptible de vérifier la véracité du code saisi. Le consommateur inscrit ses coordonnées bancaires nominatives et confidentielles à un terminal connecté à internet. L'ordre de paiement crypté du client passe par la banque du commerçant qui vérifie l'autorisation de paiement. Le système C-SET assure la sécurité de la transaction à travers un lecteur de carte à puce. Le système de paiement par un intermédiaire Kleline, remplacé par Télécommerce de Wanadoo en partenariat avec le lecteur de carte à puce de Cyber-COMM, va dans le même sens.

Dans l'attente de ce mode de paiement généralisé et sécurisé, le paiement direct par carte bancaire, en raison du risque de vol et d'utilisation frauduleuse de la carte, demeure risqué. D'autant qu'en matière de carte bancaire, l'ordre de paiement, communiqué électroniquement par le titulaire de la carte, est irrévocable, ce qui est susceptible d'occasionner de nombreux litiges. Aussi, l'article L. 132-4 du Code monétaire et financier exempte le titulaire de sa carte de sa responsabilité en cas de contrefaçon de carte ou en cas de paiement à distance frauduleux, sans utilisation physique de sa carte. Le compte du consommateur sera alors re-crédité des sommes substituées, en l'absence de négligence fautive imputable au consommateur. Le régime de l'opposition au paiement par carte est limité par l'article L. 132-2 du Code monétaire et financier qui précise qu'« il ne peut être fait opposition au paiement qu'en cas de perte, de vol ou d'utilisation frauduleuse de la carte ou de données liées à son utilisation, de redressement ou de liquidation judiciaire du bénéficiaire ». Parallèlement au régime légal, des assureurs garantissent les internautes contre le piratage des données de leur carte bancaire lors d'une transaction électronique (FIA-Net).

Le droit communautaire à travers des recommandations du 17 novembre 1988 et du 30 juillet 1997 encourage les États membres à renforcer la sécurité des paiements électronique dans les relations entre le titulaire et l'émetteur de carte de paiement. La traçabilité des opérations de paiement doit être assurée par les organismes émetteurs (opérations de paiement ; certificats ; signature). Cette traçabilité peut être assurée par des cookies ou autres programmes, moyennant information du consommateur de leur existence. Ces programmes pourront valoir de preuve en cas de litige.

b – Le développement de la monnaie et du porte-monnaie électronique

La recommandation européenne du 30 juillet 1997 définit l'instrument de monnaie électronique. Cette monnaie est émise par les établissements bancaires contre remise de fond. Elle est stockée sur un support électronique, qui peut être le disque dur de l'ordinateur (porte-monnaie virtuel) du particulier ou une carte de paiement de monnaie électronique. Ces systèmes électroniques de paiement intègrent la cryptologie ou passent par un tiers certificateur qui authentifie l'opération de paiement.

De nombreux systèmes assurent la sécurité de paiement électronique dans les transactions en ligne. Le système du porte-monnaie électronique passe par le prépaiement des cartes développé par Cybercash. Le système du porte-monnaie virtuel était développé par Digicash. Le particulier, consommateur de biens et services, peut adhérer à ces systèmes librement.

L'émission de monnaie électrique par les banques et le développement du porte-monnaie électronique, ne devraient que renforcer l'essor du commerce électronique.

II – Le droit de la publicité, du parrainage, du télé-achat, de l'autopromotion

Le droit applicable à la publicité, au parrainage, au télé-achat et à l'autopromotion connaît plusieurs sources juridiques, il oscille entre droit de la consommation et droit de l'audiovisuel (A). Le droit de la consommation traite de la publicité commerciale (B). La publicité télévisée, le télé-achat, l'autopromotion et le parrainage connaissent un régime spécifique encadré par le droit de l'audiovisuel (C).

A – Le droit applicable à la publicité, au parrainage, au téléachat et à l'autopromotion

1 – Le droit de la consommation

La publicité, vecteur d'information et de communication, intéresse le droit de la consommation. Le slogan publicitaire, l'image publicitaire ont un impact non négligeable sur le consommateur. Très tôt, le droit communautaire a cherché à protéger le consommateur contre les dangers de la publicité. Dès 1984, il s'est attelé à harmoniser le domaine de la publicité par une directive prohibant toute publicité trompeuse à l'égard du consommateur. Cette directive a été modifiée le 6 octobre 1997 afin d'y inclure la publicité comparative.

Le Code français de la consommation réglemente la publicité aux articles L. 121-1 et suivants. L'ordonnance du 23 août 2001, transpose la directive communautaire du 6 octobre 1997. Le Code de la consommation interdit certains types de publicité ou les autorise sous conditions. Le droit de l'audiovisuel en fait de même pour la publicité télévisée.

2 – Le droit de l'audiovisuel

La directive « télévision sans frontières » du 3 octobre 1989 cherchait à assurer la libre circulation des émissions télévisées et à lutter contre les méfaits des messages publicitaires de la télévision. Elle a été modifiée le 30 juin 1997, et harmonise la publicité, le parrainage, le télé-achat et l'autopromotion entre les pays membres de la Communauté européenne. Dans le même sens, les membres de la Convention européenne de sauvegarde des droits de l'homme ont signé une convention télévision transfrontières le 5 mai 1989.

La loi française du 30 septembre 1986 relative à la liberté de communication, modifiée le 1er août 2000, fixe les règles juridiques applicables à la publicité, parrainage, télé-achat et autopromotion. Elle intègre la directive communautaire « télévision sans frontières » du 30 juin 1997. Le décret n° 92-280 du 27 mars 1992 fixe le régime applicable à la publicité et au parrainage. Le décret 2001-610 du 9 juillet 2001 fixe spécifiquement les règles applicables au télé-achat sur les services de radiodiffusion sonore et de télévision distribués par câble ou satellite.

La liberté de communication des opérateurs économiques est en définitive encadrée par la loi, parfois de manière extrêmement rigoureuse à l'égard de certains. Par exemple, l'article 8 du décret de 1992 pris en application de la loi de 1986 prohibe la publicité télévisée dans le domaine de la distribution. Il autorise uniquement le parrainage. Malgré l'opposition des opérateurs économiques, la Cour de justice des Communautés européennes avait reconnu qu'un État membre peut interdire par voie législative ou réglementaire la diffusion de messages publicitaires en faveur du secteur économique de la distribution par les organismes de radiodiffusion télévisuelle établis sur son territoire. Sous la pression de la Commission européenne, mettant en demeure la France d'adapter son décret de 1992 aux principes de libre circulation et de libre concurrence, la France vient de modifier sa réglementation autorisant totalement ou partiellement la publicité télévisée dans les secteurs de la distribution, de l'édition littéraire, de la presse. Concernant la communication en ligne, la loi du 21 juin 2004, d'inspiration libérale, annonce que la communication au public par voie électronique est libre. Enfin, à la périphérie du droit de l'audiovisuel, l'emploi de la langue française dans le message s'impose à son émetteur afin d'en protéger le récepteur.

B – La publicité commerciale

La publicité commerciale a indéniablement un impact direct ou indirect sur le particulier consommateur de produits ou de services. Vis-à-vis de ces personnes, le législateur interdit de façon spécifique certains types de publicité commerciale et de façon générale la publicité trompeuse (1). La publicité comparative, quant à elle, intéresse à la fois les consommateurs et les entreprises en concurrence. La publicité commerciale comparative a fait l'objet, là encore, d'une réglementation spécifique (2).

1 – La publicité commerciale interdite ou trompeuse

La publicité commerciale de certains produits, souvent considérée à risque pour le particulier, est parfois interdite ou fortement encadrée par le législateur. En dehors de cette réglementation spécifique et préventive, la publicité commerciale est prohibée en raison de son caractère trompeur au détriment de ce même particulier, souvent consommateur.

a – La publicité commerciale interdite

Pour des raisons de santé publique et de sécurité publique le législateur français, voire communautaire, interdit toute publicité pour certains types de produits. En matière de sécurité publique, l'interdiction de la publicité pour les armes à feu se comprend aisément. En matière de santé publique, le secteur du tabac offre le meilleur exemple. La loi dite « Evin » du 10 janvier 1991 va faire école en Europe et inspirer la directive communautaire du 6 juillet 1998 relative aux produits du tabac, transposée en France le 15 juin 2000 dans le Code de la santé publique. L'article L. 3511-3 de ce code pose le principe de l'interdiction de toute publicité en faveur du tabac ou des produits dérivés. Il en est de même pour le parrainage. Quelques exceptions sont toutefois posées par le législateur. Cette interdiction ne s'applique pas aux enseignes de débits de tabac, aux publications éditées par les organisations professionnelles de producteurs, fabricants et distributeurs de tabac, aux retransmissions de compétition de sport mécanique qui se déroulent dans des pays où la publicité pour le tabac est autorisée (courses de formule 1). Les auteurs de l'infraction risquent une amende de 75 000 euros qui pourra être portée à 50 % du montant des dépenses consacrées à l'opération illégale.

D'autres interdictions totale ou partielle de publicité commerciale peuvent être énoncées. L'article L. 121-50 du Code de la consommation interdit la publicité des préparations pour nourrissons et ne l'autorise que dans la presse écrite destinée aux professions de santé. L'article L. 3323-2 du Code de la santé publique autorise la publicité des boissons alcooliques uniquement dans certaines presses, les radios à certaines heures… la liste étant limitative. Aussi, la publicité des boissons alcoolisées, au cinéma, à la télévision (boissons de plus 1,2°C d'alcool) ou tout support non visé par le code (Internet par exemple), se trouve interdite. La publicité en matière de médicaments est encore encadrée par les articles L. 5122-1 et suivants du Code de la santé publique qui prohibe uniquement la publicité au grand public des médicaments faisant l'objet de prescriptions médicales et étant remboursables.

b – La publicité trompeuse

• **La notion de publicité trompeuse**

L'article L. 121-1 du Code de la consommation interdit toute publicité fausse ou de nature à induire en erreur. Le consommateur trompé par une publicité peut saisir le juge compétent et engager la responsabilité de l'annonceur, du vendeur ou du prestataire et demander la nullité des contrats découlant de la publicité trompeuse.

Le consommateur peut aussi déposer une plainte à la Direction générale de la concurrence, de la consommation et de la répression des fraudes qui constatera, au moyen de procès-verbaux, le caractère trompeur de la publicité.

La jurisprudence retient une définition large de la publicité qui se définit comme tout moyen d'information destiné à permettre à un client potentiel de se faire une opinion sur des résultats qui peuvent être attendus du bien ou du service qui lui est proposé. Le type de support publicitaire importe peu. Médias, télévision, cinéma, radio et NTIC en général, constituent des supports publicitaires potentiels.

- **Le caractère trompeur de la publicité**

Pour être trompeuse, la publicité doit être de nature à induire en erreur le consommateur. L'hyperbole caractérise souvent les frontières entre la publicité légale et celle de nature à induire en erreur. Une publicité qui se traduit par la parodie ou l'emphase peut être qualifiée d'hyperbolique. Pour apprécier l'hyperbole, le juge se réfère au degré de discernement et au sens critique du consommateur moyen qui ne peut être trompé par l'exagération de l'image publicitaire. Par exemple, le fait de dire « la pile Wonder ne s'use que si l'on s'en sert » est une information fausse car les piles se périment, mais la caricature publicitaire n'est pas de nature à induire en erreur le consommateur. En revanche, le fait d'indiquer qu'un couteau est inusable peut se révéler trompeur s'il ne l'est pas réellement. Le caractère trompeur de la publicité peut résulter du prix du produit ou de la prestation de services, de ses qualités substantielles, de sa composition…

La publicité trompeuse est un délit pénal puni d'une peine maximale de deux ans d'emprisonnement et/ou d'une amende de 37 500 euros.

2 – La publicité comparative

La publicité comparative a profondément évolué en France, tant et si bien que son régime a été fortement modifié.

a – L'évolution de la publicité comparative

La publicité comparative se définit comme « toute publicité qui met en comparaison des biens ou des services en identifiant, implicitement ou explicitement, un concurrent ou des biens et services offerts par un concurrent ». La publicité comparative est relativement récente en France, plus ancienne aux États-Unis. Avant 1992, elle n'était pas réglementée en France et le juge limitait la publicité comparative à la condition d'être ni fausse ni susceptible d'induire en erreur. La loi du 18 janvier 1992 encadrait la publicité comparative dans les pratiques entre professionnels afin de rendre la publicité plus loyale et véridique pour le consommateur. Hélas, la rigidité de cette loi a rendu la réalisation d'une publicité comparative quasiment impossible ou trop risquée pour l'entreprise. La directive communautaire du 6 octobre 1997 a modifié cet état juridique en harmonisant la législation relative à la publicité comparative dans les États membres.

Cette directive, transposée en France le 23 août 2001 dans le Code de la consommation, a considérablement élargi le champ d'application de la publicité comparative. En substance, deux modifications de la loi ont permis l'ouverture de la publicité comparative en France. Avant 2001, la publicité sur le prix des produits sans conditions était prohibée. Elle est désormais autorisée. De plus, l'entreprise, qui souhaitait réaliser une publicité comparative, devait communiquer au concurrent visé la publicité préalablement à sa diffusion afin de lui permettre de réagir, voire riposter conformément au principe de loyauté. Cette communication devait être faite dans un délai au moins égal à celui exigé selon le type de support retenu pour l'annulation d'un ordre de publicité. La directive communautaire, transposée en France, supprime l'obligation de communication préalable faite au professionnel. C'est pourquoi, depuis 2002, la publicité comparative progresse en France.

b – Le régime de la publicité comparative

Pour être valable et conforme à la loi, la publicité doit être loyale, véridique et ne pas être de nature à induire en erreur. La comparaison du produit doit être objective, ce qui exclut toute appréciation subjective liée à l'esthétisme, au goût, à la saveur, à l'odeur. La comparaison ne peut s'appuyer sur des appréciations individuelles (sondages d'opinions, interviews...). Enfin la comparaison ne peut porter que sur des caractéristiques, essentielles, significatives, pertinentes et vérifiables des biens et services comparés. Elle doit porter sur au moins deux caractéristiques du produit.

La guerre des publicités et slogans comparatifs entre les radios NRJ, Europe 1 et Europe 2 s'est illustrée à de nombreuses occasions. Dans l'une des affaires, un slogan mentionnait dans une revue « quand NRJ est deuxième radio de France ça fait drôle d'effet ». La publicité présentait deux flèches montrant la baisse de l'audimat d'Europe 1 par rapport à la hausse de NRJ et était illustrée par une boule de bowling renversant les radios Europe 1 et RMC. Un autre slogan disait « en un an NRJ confirme son leadership sur Europe 1 ». La publicité était déloyale car elle dénigrait les radios concurrentes. L'objectivité de la comparaison et l'absence de dénigrement sont contrôlées par le juge qui pourra interdire la publicité et condamner l'entreprise fautive à des dommages-intérêts. D'autres publicités comparatives sont apparues sur l'écran de télévision. Télé 2 compare ses tarifs de téléphone à France Télécom. Vico « roi de la pomme de terre » compare son produit à Mousseline.

C – La publicité télévisée, le téléachat, l'autopromotion et le parrainage

La publicité télévisée, le télé-achat, l'autopromotion et le parrainage sont appréhendés par le droit de l'audiovisuel qui prévoit des règles communes à la publicité télévisée et au télé-achat (1). L'autopromotion (2) et le parrainage (3) connaissent un régime juridique qui se singularise.

1 – Les règles communes à la publicité télévisée et au téléachat

a – La réglementation nationale et communautaire

La loi du 30 septembre 1986 et spécialement son chapitre IV, intègre la directive communautaire du 30 juin 1997 harmonisant la publicité télévisée, le télé-achat, l'autopromotion et le parrainage en Europe. La directive communautaire, coordonne les dispositions des États membres relatives à l'exercice d'activités de radiodiffusion télévisuelle et garantit la liberté de réception et de retransmission d'émissions de radiodiffusion télévisuelle entre États membres. Elle assure la défense du consommateur face à la publicité télévisée, au télé-achat, aux spots de télé-achat et à l'autopromotion. Toutefois, elle n'interdit pas à une législation nationale d'organiser une protection accrue du consommateur lorsque ces mesures n'empêchent pas la retransmission dans un État membre d'une émission en provenance d'un autre État membre. Par conséquent, la loi du 30 septembre 1986 et le décret du 27 mars 1992 encadrent strictement ces activités à travers de nombreuses obligations qui s'imposent aux professionnels de la publicité télévisée, du télé-achat et de l'autopromotion. Sans exhaustivité, nous indiquons les obligations principales qui pèsent sur les professionnels de la publicité télévisée et du télé-achat.

b – Les obligations des professionnels de la publicité télévisée et du télé-achat

- **L'activité de publicité télévisée et de téléachat strictement encadrée**

La publicité télévisée et le télé-achat doivent être identifiables et être distinguées du reste du programme télévisé par des moyens optiques et/ou acoustiques. Ils ne doivent pas utiliser de techniques subliminales. Ils ne peuvent interrompre des journaux télévisés, des émissions d'information politique, des documentaires, des émissions religieuses et des émissions pour les enfants dont la durée programmée est inférieure à trente minutes. La transmission d'œuvres audiovisuelles, à l'exclusion des feuilletons, émissions de divertissement, pour autant que leur durée programmée soit supérieure à quarante-cinq minutes, peut être interrompue une fois par tranche de quarante-cinq minutes. Une autre interruption est autorisée si leur durée programmée est supérieure d'au moins vingt minutes à deux ou plusieurs tranches complètes de quarante-cinq minutes.

La publicité et le télé-achat ne doivent pas porter atteinte à la dignité humaine ; comporter de discrimination en raison de la race, du sexe, de la nationalité, de la religion ; encourager des comportements préjudiciables à la santé, la sécurité, à la protection de l'environnement.

La publicité et le télé-achat pour le tabac sont interdits, ainsi que pour les médicaments disponibles sur prescription médicale. En ce qui concerne les boissons alcooliques, la publicité et le télé-achat sont strictement encadrés.

Enfin, la publicité télévisée et le télé-achat ne doivent pas causer de préjudice aux mineurs. À ce titre, ils ne doivent pas :

- inciter les mineurs à l'achat d'un produit ou service en exploitant leur inexpérience ou leur crédulité ;
- inciter les mineurs à persuader leurs parents ou des tiers d'acheter les produits ou services concernés ;

- exploiter la confiance particulière que les mineurs ont dans leurs parents, leurs enseignants ou d'autres personnes ;
- présenter, sans motif, des mineurs en situation dangereuse ;
- inciter les mineurs à conclure des contrats pour la vente ou la location de biens ou service.

On constate que la publicité télévisée et le télé-achat sont strictement encadrés par le législateur.

- **Le temps de retransmission des spots publicitaires et de téléachat**

Le pourcentage de temps de retransmission consacré aux spots de télé-achat (ou infomerciale) ou spots publicitaires est encadré par la loi. Les spots de télé-achat ne peuvent dépasser 20 % du temps de transmission quotidien, et ce pourcentage est porté à 15 % pour les messages publicitaires. Ces deux spots ne peuvent dépasser 20 % à l'intérieur d'une période donnée d'une heure d'horloge, mais cette disposition ne s'applique pas aux chaînes exclusivement consacrées au télé-achat. Ce pourcentage publicitaire ne prend pas en compte les messages diffusés par l'organisme de radiodiffusion relatifs à ses propres programmes et les messages de service public diffusés gratuitement.

Pour les chaînes non exclusivement consacrées au télé-achat, les fenêtres d'exploitation des émissions ont une durée minimale ininterrompue de 15 minutes, avec un nombre maximal de fenêtres d'exploitation de huit par jour, dont la durée quotidienne ne doit pas dépasser trois heures.

- **Les interdictions de publicité télévisée**

La publicité clandestine est interdite. Le décret du 27 mars 1992 définit la publicité clandestine comme « la présentation verbale ou visuelle de marchandises, services, du nom, de la marque ou des activités d'un producteur de marchandises ou d'un prestataire de services dans des programmes, lorsque cette présentation est faite dans un but publicitaire ». Le Conseil supérieur de l'audiovisuel (CSA) veille à ce qu'aucune publicité clandestine n'apparaisse dans les émissions télévisées. Si tel est le cas, il peut sanctionner financièrement les chaînes.

En outre, la publicité, et probablement le télé-achat, ne doivent faire appel ni visuellement ni oralement à des personnes présentant régulièrement les journaux télévisés et les magazines d'actualité.

Enfin, le décret du 27 mars 1992, qui prohibait la publicité télévisée dans les domaines de l'édition littéraire, la presse, le cinéma et dans le secteur de la distribution, a été modifié et libéralisé par législateur, sous la pression de la Commission européenne. Si la publicité des groupes ou maisons de production cinématographique reste interdite à la télévision, elle est autorisée pour les groupes de presse. En matière d'édition littéraire, les maisons d'édition pourront diffuser de la publicité sur les services de télévision par câble et par satellite. Dans le secteur de la distribution, la libéralisation est progressive. Les entreprises de la grande distribution pourront faire de la publicité à la télévision, sachant que la publicité par voie hertzienne terrestre en mode analogique pour ces entreprises ne sera autorisée qu'à partir du 1er juillet 2007. En revanche, la publicité réalisée par ces entreprises, qui tendrait à réaliser des opérations commerciales de promotion, reste interdite. La publicité télévisée n'échappe pas à une libéralisation européenne progressive des secteurs économiques de l'information et de la communication à forte valeur ajoutée.

2 – L'autopromotion

a – L'activité d'autopromotion

Intégrée récemment dans l'ordre juridique communautaire, sans être véritablement consacrée, l'autopromotion pour les entreprises constitue une forme de promotion commerciale dont la nature est proche de celle de la publicité. En effet, la directive communautaire du 30 juin 1997 définit l'autopromotion comme « une forme particulière de publicité réalisée par l'organisme de radiodiffusion télévisuelle en vue de promouvoir ses propres produits, services, programmes ou chaînes ».

L'autopromotion est assimilée à la publicité télévisée, les deux notions ayant un même objet, celui de promouvoir un bien ou un service. En France, la jurisprudence interprétant la loi du 30 septembre 1986 parle d'autopublicité, plutôt que d'autopromotion. Dans ce cas, l'autopublicité ou l'autopromotion devrait par principe avoir le même régime juridique que la publicité télévisée, sauf dérogation expresse du législateur. C'est pourquoi le législateur français indique que les règles applicables à la publicité télévisée et au télé-achat s'appliquent aussi à l'autopromotion.

b – L'autopromotion dans le télé-achat

L'autopromotion d'une chaîne télévisée, qui prend la forme de bande-annonce épouse donc le régime juridique applicable à la publicité télévisée. Mais l'autopromotion peut adopter d'autres moyens. Par exemple, l'autopromotion d'une entreprise peut se faire dans le cadre d'une chaîne de téléachat et dans ce cas elle sera soumise aux dispositions sur le téléachat. Une entreprise de la distribution qui crée sa propre chaîne de télévision, vendant ses produits dans ses émissions de téléachat fait de l'autopromotion. Dans ce cas, fait-elle de l'autopromotion autorisée par le législateur ou emprunte-t-elle ce canal pour faire de la publicité télévisée de son enseigne, sachant que la publicité télévisée dans le secteur de la distribution est prohibée en France jusqu'en 2007 ? Et que dire d'une société française qui diffuserait son émission sur le satellite à partir d'un autre État de la Communauté européenne ou dans les zones frontalières ? On constate que le législateur national est loin d'avoir prévu toutes les situations dans ce domaine en pleine évolution, d'autant qu'il doit compter sur la position des institutions communautaires qui favorisent initialement l'autopromotion.

En définitive, l'autopromotion permet bien de promouvoir directement les produits ou les services de l'entreprise, alors que la promotion indirecte par le biais du parrainage reste prohibée.

3 – Le parrainage

a – La définition du parrainage

Le parrainage est le soutien matériel apporté à une manifestation, à une personne, à un produit ou à une organisation en vue d'en retirer un bénéfice direct. L'annonceur ou parrain finance l'opération, le spectacle du support qui assure la publicité de celui-ci, ou de ses activités. Il y a promotion du parrain, par le support, en utilisant la voie de la publicité. Le contrat de parrainage est une forme particulière de contrat publicitaire. Il est soumis à la liberté contractuelle, à la différence de la publicité. Cependant, la frontière entre parrainage et publicité est subtile.

b – Le régime du parrainage

Le parrainage des émissions télévisées est encadré par le décret du 27 mars 1992. Un programme audiovisuel ne peut promouvoir des produits ou services dans un but publicitaire. L'article 9 du décret de 1992 qualifie cela de publicité clandestine, et l'interdit. Le Conseil supérieur de l'audiovisuel (CSA) peut sanctionner une entreprise pour publicité clandestine. La décision du CSA, consistant à infliger une amende, est susceptible de recours devant le Conseil d'État.

À la différence de la publicité, le parrainage ne doit pas promouvoir l'achat des produits ou services du parrain. L'article 18 du décret dispose que les émissions télévisées « ne doivent pas inciter à l'achat ou à la location des produits ou services du parrain ou d'un tiers et ne peuvent en particulier comporter des références promotionnelles spécifiques à ces produits ou services ». Le 30 septembre 2003 le CSA a estimé que les parrains des émissions *Greg le millionnaire* (Meetic.fr), *Bleu océan* (Saint-Môret), *Sous le soleil* (Silk-épil de Braun), n'ont pas respecté cette obligation. TF1 s'est vu rappeler à l'ordre pour que ces règles soient respectées. De plus la mention du parrain n'est possible que dans la mesure où elle reste « ponctuelle et discrète ». Enfin, le parrain, qui finance l'émission de jeux ou concours, pourra remettre gratuitement au particulier à titre de lots ses produits ou services « sous réserve de ne faire l'objet d'aucun argument publicitaire ». Le parrainage ne doit pas devenir une autre voie pour faire de la publicité, même si un certain degré de publicité est toléré par la loi. Le parrainage trouve dans la loi ses limites.

III – La protection des mineurs

Les institutions nationales et européennes ont mesuré la nécessité de protéger le mineur, récepteur d'image et de messages, contre les diffusions immorales. La diffusion de message ou d'image à des fins pornographiques ou pédophiles ; à caractère violent ; portant gravement atteinte à la dignité humaine est d'abord réprimée par le droit français et principalement le Code pénal (A). Les institutions européennes contribuent, elles aussi, à assurer la protection des mineurs (B).

A – La protection pénale des mineurs

1 – Les délits prévus par la loi

Le législateur français protège le mineur contre les dangers de certaines pratiques commerciales telles que la publicité télévisée, comme cela a été précédemment évoqué. D'autres dispositions éparses peuvent renforcer cette protection. L'article 99 de la loi du 30 juillet 1987 interdit la présence d'un commerce de « sex shop », dont les produits à la vente aux mineurs sont prohibés, à moins de 100 mètres d'un établissement scolaire.

Mais c'est par la voie répressive que le législateur organise la protection du mineur contre la diffusion de message ou d'image à des fins pornographiques ou pédophiles ; à caractère violent ; portant gravement atteinte à la dignité humaine.

Le délit d'exploitation de l'image du mineur est mis en œuvre par l'article 227-23 du Code pénal qui punit de trois ans d'emprisonnement et de 45 000 euros d'amende le fait, en vue de sa diffusion, d'enregistrer ou de transmettre l'image ou la représentation à caractère pornographique d'un mineur. L'image photographique du mineur et sa diffusion sur Internet ou tout support informatique entre bien entendu dans le cadre de l'infraction. Un alinéa 4 de l'article 227-23 du Code pénal, issu de la loi du 4 mars 2002, punit de deux ans d'emprisonnement et de 30 000 euros d'amende, le fait de détenir une telle image ou représentation. La détention de matériel pornographique réalisé avec des mineurs est sanctionnée par le Code pénal. L'article 227-24 du Code pénal punit de trois ans d'emprisonnement et de 75 000 euros d'amende, « le fait, soit de fabriquer, transporter, de diffuser par quelque moyen que ce soit et quel qu'en soit le support, un message à caractère violent ou pornographique ou de nature à porter gravement atteinte à la dignité humaine, soit de faire commerce d'un tel message lorsque ce message est susceptible d'être vu ou perçu par un mineur ». La diffusion du message à caractère violent ou pornographique par une nouvelle technologie de l'information et de la communication entre dans le cadre de cette infraction.

Enfin, l'article R. 624-2 du Code pénal interdit le fait de diffuser sur la voie publique ou dans les lieux publics des messages contraires à la décence. Le message envoyé à domicile est réprimé par le Code pénal. Il s'agit d'une contravention de quatrième classe. Cette infraction intéresse indirectement les mineurs qui reçoivent, dans le cadre de forum de discussion par exemple, des messages choquants ou indécents. Une plainte avec ou sans constitution de partie civile de la victime et des parents du mineur pourra entraîner l'ouverture d'une enquête de police afin d'établir la réalité des faits.

2 – Des exemples de condamnations

Sur la base de l'article 227-24 du Code pénal, un site Web pornographique a été condamné par le tribunal pour n'avoir pas pris toutes les mesures afin d'empêcher un mineur d'accéder au site. Le tribunal affirme qu'« il appartient à celui qui décide à des fins commerciales de diffuser des images pornographiques sur le réseau Internet dont les particulières facilités d'accès sont connues, de prendre les précautions qui s'imposent pour rendre impossible l'accès des mineurs à ces messages ». La société propriétaire du site s'est vue condamner à payer la somme de 30 000 euros. De nombreux sites web vont devoir améliorer leur système de filtrage s'ils ne veulent pas payer cher leur manquement à leur obligation de précaution à l'égard de l'accès des mineurs aux messages pornographiques. Les logiciels de restriction d'accès au message sont considérés comme insuffisants par le juge.

Par ailleurs, quiconque stocke sur son ordinateur des images pédophiles pourra être sanctionné au regard de l'article 227-23 du Code pénal. Un réparateur d'un ordinateur découvrant des images pédophiles sur celui de son client, les avait signalés aux services de police. Le propriétaire de l'ordinateur a été poursuivi pour délit d'importation d'images pédophiles (dix-huit photos) depuis Internet et condamné à 750 euros d'amendes.

Le devoir de respect de la dignité de la personne et de prudence s'impose à l'internaute tant dans la collecte d'information que celle des images.

B – La protection européenne des mineurs

La protection européenne des mineurs est mise en œuvre par l'Union européenne (1) et par le Conseil de l'Europe (2).

1 – L'Union européenne et protection des mineurs

a – La lutte contre la cybercriminalité en général

À côté de l'espace européen de libre circulation, un espace de sécurité est en voie de construction au sein de l'Union européenne, qui s'inscrit dans le cadre d'une coopération policière accrue entre États membres. EUROPOL, institution européenne de coopération policière en exercice depuis 1998, constitue le pilier de cet espace de sécurité européenne. Les institutions européennes organisent la lutte contre la criminalité. Le mineur est au cœur de cette lutte, en raison de sa vulnérabilité face aux nouvelles formes criminelles qui s'appuient sur les nouvelles technologies de l'information et de la communication. La lutte contre la cybercriminalité et la pornographie sur Internet constitue deux objectifs qui visent principalement la protection des mineurs. Ces mesures s'inscrivent dans la politique européenne de lutte contre la traite des êtres humains et l'exploitation sexuelle des enfants.

L'objectif est de rapprocher les dispositions législatives et réglementaires des États Membres, en ce qui concerne la coopération policière et judiciaire en matière pénale, en vue de lutter contre la pédopornographie. L'infraction liée à la pédopornographie, impliquant ou non l'usage d'un système informatique, est encadrée par les textes. Il s'agit de :

– la production de pédopornographie ;
– la distribution, la diffusion ou la transmission de pédopornographie ;
– le fait d'offrir ou de rendre disponible du matériel pédopornographique ;
– l'acquisition et la détention de matériel pédopornographique.

La peine privative de liberté ne sera pas inférieure à huit ans lorsque des circonstances aggravantes rendent encore plus cruel le caractère du crime. La Commission européenne fournit une liste de circonstances aggravantes, sans préjudice d'autres circonstances introduites par la législation nationale :

– le fait de commettre une infraction sur un enfant de moins de dix ans ;
– le fait particulièrement cruel de l'infraction (tel que le mépris pour la santé, l'intégrité physique et mentale de la victime) ;
– l'infraction génère des produits substantiels (l'infraction doit produire, au moins, l'enrichissement personnel de l'auteur) ;
– l'infraction est commise dans le cadre d'une organisation criminelle.

Afin d'éviter que le crime reste impuni en cas de conflit de compétence judiciaire, la décision introduit des critères d'attribution. Un État a un pouvoir de juridiction lorsque :

– l'infraction est commise sur son territoire (principe de territorialité) ;
– l'auteur de l'infraction est ressortissant dudit État membre (principe de la personnalité active) ;
– l'infraction est commise pour le compte d'une personne morale établie sur le territoire dudit État membre.

En droit français, le nouvel article 323-3-1 du Code pénal contribue à renforcer la lutte contre la cybercriminalité.

b – La lutte contre la pédopornographie sur Internet

Visant spécifiquement Internet et la lutte contre la pédopornographie, l'Union européenne a pris des mesures tendant à prévenir et combattre la production, le traitement, la diffusion et la détention de matériel pédopornographique sur Internet. Cette décision vise à encourager les utilisateurs d'Internet :

- à signaler aux autorités répressives les cas de diffusion présumée de matériel pédopornographique sur Internet ;
- à garantir que les infractions commises fassent l'objet d'enquêtes et soient réprimées, grâce à la création d'unités spécialisées au sein des services répressifs par exemple ;
- à assurer la réaction rapide des autorités répressives lorsqu'elles reçoivent des informations sur des cas présumés de production, de traitement, de diffusion et de détention de matériel pédopornographique.

Pour faciliter la collaboration entre les États, des points de contacts nationaux disponibles 24 heures sur 24 et des unités spécialisées, sont établis. Europol est informé des cas de présomption de pédopornographie et des réunions entre les services spécialisés nationaux sont organisées.

2 – Le Conseil de l'Europe et la protection des mineurs

Pour combattre l'utilisation abusive des nouvelles technologies et réprimer la délinquance informatique, l'Union européenne est en voie d'adhérer à la convention sur la criminalité dans le cyberespace du Conseil de l'Europe. Cette convention sur la cybercriminalité a été adoptée par le Conseil de l'Europe le 8 novembre 2001, signée par de nombreux États membres ainsi que non membres comme les États-Unis et le Canada. L'article 9 de la convention vise à lutter contre la pornographie enfantine en énumérant expressément les comportements illicites tels que, la production de pornographie enfantine en vue de sa diffusion, l'offre ou la mise à disposition de pornographie enfantine par le biais d'un système informatique ; le fait de se procurer ou de procurer à autrui de la pornographie enfantine par le biais d'un système informatique ; la possession de pornographie enfantine dans un système informatique ou un moyen de stockage de données informatique.

En définitive, une véritable harmonisation internationale des infractions pénales, commise sur les réseaux informatiques et touchant spécifiquement la pornographie enfantine, a été réalisée par cette convention du Conseil de l'Europe.

8

LE DROIT À L'INFORMATION

L'exercice du droit à l'information nécessite le droit à l'accès et à la réception de l'information (I). Il permet le droit au secret (II).

I – Le droit à l'accès et à la réception de l'information

Le droit à l'information et à la réception de l'information est le fondement de la société de l'information. L'accès à l'information intéresse autant l'entreprise professionnelle (A), que le particulier (B).

A – L'accès à l'information pour l'entreprise

L'accès à l'information pour l'entreprise s'inscrit dans un mouvement de libéralisation du secteur des télécommunications avec pour objectif plus global de créer une société de l'information (1). Le droit de la concurrence régule une société de l'information en préservant son aspect concurrentiel (2).

1 – Le droit d'accès à l'information pour l'entreprise

a – La libéralisation des télécommunications en Europe

La personne qui désire émettre ou exploiter une information ou un moyen de communication doit pouvoir y accéder. L'accès à une technique de communication et d'information, dans le domaine des communications électroniques, de la télévision et de la radiodiffusion, permet alors à l'entreprise d'exploiter une activité économique. Très tôt, la Communauté européenne a mesuré l'intérêt économique de développer l'accès à ces marchés. Le droit de la concurrence a été l'outil de la politique des pays de l'Union européenne. La

Commission des Communautés européennes s'est fondée sur une série d'articles du traité pour ouvrir ces activités à la concurrence.

L'article 86 (ex-90) du traité instituant la Communauté européenne, a permis de supprimer les monopoles publics. Dès 1974, c'est la RAI italienne, qui ne pourra voir maintenir son monopole. Parallèlement à la suppression des monopoles publics, la Commission va libéraliser les secteurs de la télévision, radio et des télécommunications en adoptant des directives visant à ouvrir ces marchés à la concurrence. La première directive de libéralisation dans les secteurs des télécommunications date du 16 mai 1988. Elle ouvre le marché des terminaux de télécommunications à la concurrence. De nombreuses directives vont suivre. La déréglementation des secteurs de la radiodiffusion, télévision et des télécommunications en général est parachevée en 1998. Elle assure, en dix ans, un libre accès aux techniques de communication et d'information pour les opérateurs économiques.

Depuis, les directives du 7 mars 2002 et du 16 septembre 2002, poursuivent la libéralisation des services des télécommunications en posant les conditions suivantes :

- Les États ne peuvent plus soumettre la fourniture des services de communications électroniques et l'exploitation des réseaux de communications électroniques à un régime d'octroi de licences. Seul un régime d'autorisation générale doit exister.
- Toute partie lésée a le droit d'introduire un recours contre une décision qui l'empêche de fournir et d'exploiter des services de communications électroniques devant un organe indépendant (ART en France).
- Les monopoles concernant l'établissement et la fourniture d'annuaires doivent être supprimés.
- Le coût du service universel est pris en charge par l'État ou par les entreprises du secteur économique concerné, une fois que la contribution a été précisément calculée.

Ces directives ont été transposées en France en juillet 2004 par la loi relative aux communications électroniques et aux services de communication audiovisuelle.

2 – Les piliers de la société de l'information

La société de l'information, d'inspiration outre-atlantique, est consacrée en Europe en 1994 dans un rapport sur « l'Europe et la société de l'information planétaire ». Visant à promouvoir le marché de l'information, la société de l'information est fondée sur au moins deux piliers. La libéralisation des télécommunications constitue le premier pilier sur lequel se bâtit l'actuelle société de l'information de l'Union européenne. Le développement de la technologie de l'information et de la communication (TIC), à travers la politique communautaire de recherche et de développement (articles 163 à 172 du traité CE) représente le deuxième pilier. Libéralisation des marchés de communication, harmonisation et développement des TIC, constituent les fondements de la société de l'information de l'union européenne.

L'instauration de la société de l'information européenne passe par plusieurs objectifs prioritaires. Le premier vise à promouvoir l'Internet et le commerce électronique. L'Internet constitue le moteur de la société de l'information. Le développement du commerce électronique participe à la promotion d'un marché électronique mondialisé, sans préjudice pour la sécurité du consommateur.

Le deuxième objectif poursuit le développement des normes techniques dans le domaine des communications mobiles. Le passage à moyen terme du GSM à l'UMTS (système de communications mobiles à haut débit de nouvelle génération) est un exemple. Le développement de ces recherches technologiques est encouragé par des programmes, tel que le programme de technologie de la société de l'information (TSI), qui finance ces activités de recherche en matière de TIC. Le 6e programme-cadre comprend donc un volet TSI doté d'un budget de 3,625 milliards d'euros. Le multimédia est stimulé par la Communauté européenne qui souhaite promouvoir l'industrie européenne de contenu multimédia et son utilisation à travers un programme spécifique.

La société européenne de l'information accélère son développement depuis l'an 2000, à travers une nouvelle politique appelée *eEurope*. L'objectif de *eEurope* 2005, est d'étendre la connectivité Internet en Europe en créant :

- des services publics en ligne modernes ;
- des services d'apprentissage électronique (e-learning) ;
- des services de télésanté (e-health) ;
- des services pour développer les affaires électroniques (e-business) ;
- des services d'information sécurisés (cyber-sécurité)...

L'« e-chantier » de la société européenne de l'information est donc considérable, il associe tous les acteurs de la société, entreprises, consommateurs, citoyens, administration.

La France met en place sur son territoire cette société de l'information. Les autoroutes de l'information correspondent au projet politique de créer un réseau de télécommunications et d'informations à haut débit. L'expression regroupe aujourd'hui le développement des réseaux téléphoniques, des mobiles (UMTS), du câble, du satellite. L'autorité française de régulation des communications électroniques (ARCEP) régule les droits et obligations des exploitants des réseaux et de services de communications électroniques. Elle assure l'interopérabilité des réseaux et terminaux. Le XXIe siècle pourrait être celui d'une société de l'information. Le sommet mondial de la société de l'information organisé à Genève en 2003 et à Tunis en novembre 2005 va dans ce sens.

2 – Le droit de la concurrence et le droit à la libre concurrence

a – Le rôle du droit de la concurrence

L'entreprise possède un droit d'accès au marché, à l'information et un droit à la libre concurrence garanti par les droits nationaux et européens. Les droits communautaire et français de la concurrence régulent le marché de l'information et de la communication sur lequel la libre concurrence entre les entreprises doit être préservée. Ils assurent la libéralisation des télécommunications et modes de communications en Europe. En ce sens, ils contribuent à promouvoir la société de l'information. Ainsi, le droit de la concurrence prohibe les pratiques entre entreprises qui faussent le jeu de la concurrence. C'est le cas des ententes et des abus de position dominante. Il vise aussi l'État qui ne doit pas favoriser ses propres entreprises. Le droit de la concurrence encadre les aides des États aux entreprises, évitant ainsi que l'État fausse le libre jeu de la concurrence entre entreprises. Enfin, ce droit régule les concentrations d'entreprises qui risqueraient d'abuser de leur position dominante. Le droit de la concurrence contribue à promouvoir la libéralisation ou déréglementation des marchés en évitant tout monopole ou quasi-monopole d'entreprise. Au niveau national, c'est le conseil de la concurrence qui réprime les pratiques anticoncurrentielles. Au niveau communautaire, c'est la commission des communautés qui assure cette mission. L'affaire « Wanadoo » illustre le rôle respectif de ces institutions.

b – L'affaire « Wanadoo »

En décembre 2001, la Commission européenne avait ouvert une procédure à l'encontre de Wanadoo Interactive, filiale de France Télécom chargée de la fourniture des services d'accès à Internet. Grâce à France Télécom, Wanadoo se trouvait en position dominante sur le marché de l'accès à haut débit utilisant la technique ADSL (Asymetric Digital Subscriber Line). La Commission reprochait à Wanadoo une facturation des services d'accès à l'Internet haut débit par ADSL en dessous de leurs coûts variables. Ces prix prédateurs permettent à Wanadoo, grâce à France Télécom, d'éliminer la concurrence de Wanadoo, et constituent des abus de position dominante.

Parallèlement à cette procédure communautaire, T-Online France (club Internet) avait saisi le Conseil de la concurrence afin qu'il fasse cesser les pratiques de France Télécom et de sa filiale sur le marché de l'accès à l'ADSL.

Le Conseil de la concurrence, citant la Commission européenne, affirme que Wanadoo occupe 60 % du marché français de l'accès Internet à haut débit et 90 % de l'accès ADSL de la clientèle résidentielle. Cette position dominante de Wanadoo sur le marché français a été facilitée par l'offre de connexion à l'ADSL Wanadoo vendu par les agences de France Télécom. De plus, l'offre de connexion à l'ADSL acheté par les fournisseurs d'accès à Internet, ne permettait pas au concurrent de Wanadoo d'avoir accès à toutes les informations afin de réaliser la connexion à l'ADSL de leur client en ligne. En revanche, Wanadoo commercialisait un pack ADSL qui permettait au client d'obtenir, à partir des agences de France Télécom, une connexion automatisée et donc rapide. Wanadoo envisageait de commercialiser son pack dans la grande distribution.

Le Conseil de la concurrence a imposé à la société France Télécom de cesser de vendre son pack ADSL jusqu'à ce qu'elle propose à l'ensemble des fournisseurs d'accès à Internet un serveur Extranet de qualité. Ce serveur Extranet permet à l'ensemble des fournisseurs d'accès à Internet d'accéder aux mêmes informations, sur l'éligibilité des lignes téléphoniques ADSL et sur les caractéristiques techniques des modems compatibles avec l'équipement de ces lignes, que celles dont dispose Wanadoo, et selon les mêmes conditions tarifaires.

France Télécom a dû se mettre en conformité avec les exigences de la Commission et du Conseil de la concurrence.

B – Le droit à l'accès et à la réception de l'information pour le particulier

L'accès aux autoroutes de l'information est indispensable tant en aval pour l'utilisateur qu'en amont pour l'entreprise. La réception de l'information passe par un droit d'accès à l'information (1), pluriel, efficient et démocratique, et aussi par un droit à la réception de l'information (2).

1 – L'accès aux documents et à l'information pour le particulier

a – Le droit d'accès au document

Le droit d'accès du particulier à des données personnelles est assuré tant par la loi informatique et liberté du 6 janvier 1978 que par la directive du 24 octobre 1995. Le droit de s'informer et de recevoir la communication de ces données personnelles est garanti par ces textes, sous le contrôle en France de la CNIL et des institutions communautaires.

Concernant les données publiques, là encore le particulier possède un droit d'accès aux documents administratifs, conformément à la loi du 17 juillet 1978 et à la jurisprudence du Conseil d'État. Les institutions communautaires ont progressivement mis en place le droit d'accès du particulier aux documents administratifs des institutions communautaires, dont l'exercice est assuré par le tribunal et la Cour de justice des communautés européennes, conformément au traité CE (art. 255 du traité CE).

Le médiateur national, mais aussi européen, favorise l'accès effectif du particulier aux documents administratifs. Il est saisi par simple courrier.

b – Le droit à l'information

Lorsque le particulier devient récepteur-consommateur d'une information, d'une publicité par exemple, il a le droit d'être informé sur la nature et les modalités du bien ou du service proposés. Le premier article du Code de la consommation consacre ce droit. Ce droit à l'information protège le consommateur et éclaire son choix dans l'acte de consommation. La directive sur les contrats de vente à distance, illustre ce droit à l'information, en l'imposant, non seulement au stade précontractuel, mais aussi durant l'exécution du contrat puisque le vendeur doit confirmer par écrit les informations précontractuelles. L'information contractuelle du consommateur est assurée.

Corollaire du droit à l'information, le droit à l'éducation du citoyen-consommateur européen s'impose progressivement aux États membres et à la Communauté européenne. L'éducation et l'information du consommateur favorisent la transparence dans l'accès aux données. L'Union européenne soutient cette politique d'éducation en faveur du consommateur en finançant des projets d'organisations européennes de consommateurs qui tendent à la promotion de la société de l'information.

2 – Le droit à la réception de l'information

a – Le droit à l'antenne et au raccordement

Des textes internationaux consacrent la liberté et le droit à la réception de l'information. Il s'agit de l'article 19 de Déclaration universelle des droits de l'homme adoptée le 10 décembre 1948 par l'assemblée générale des nations unies et de l'article 10 de la convention européenne de sauvegarde des droits de l'homme. En France, l'article 11 de la Déclaration des droits de l'homme et du citoyen affirme le principe de la liberté de communication reconnu par le Conseil constitutionnel dans sa décision du 18 septembre 1986 relative à la liberté de communication. De tous ces fondements juridiques, le particulier dispose du droit d'accès à l'infrastructure d'information : le droit à l'antenne. Le droit à l'antenne en râteau ou parabolique et au raccordement au câble est organisé de façon individuelle ou collective. Les lois du 2 juillet 1966, 29 décembre 1990 et 13 juillet 1992 consacrent le droit à recevoir sur son immeuble une antenne réceptrice, et cela que l'on soit locataire ou propriétaire de l'immeuble.

Le droit à l'antenne est assuré au propriétaire d'une maison individuelle à condition que le diamètre de son antenne (déflecteur) ne dépasse pas un mètre. Si c'est le cas, une déclaration de travaux doit être faite à la mairie. Le locataire d'une maison individuelle doit obtenir l'accord de son propriétaire et pourra contester un éventuel désaccord devant le juge d'instance.

Dans un immeuble collectif, le locataire doit informer le propriétaire de l'installation de l'antenne individuelle. Le propriétaire ou l'assemblée des copropriétaires qui souhaite s'opposer à l'installation ou au remplacement de l'antenne devra saisir le tribunal d'instance et invoquer des motifs sérieux et légitimes justifiant leur refus. Quant au propriétaire d'un immeuble collectif, il doit demander l'autorisation au syndic de copropriété qui convoque l'assemblée générale. Passé trois mois sans décision, le propriétaire peut installer son antenne.

b – Le droit à la réception libre et gratuite de l'information

La gratuité pourrait-elle être instaurée dans certains cas sur le fondement du droit à l'accès et à la réception de l'information ? Internet, en vertu de son caractère universel, est le symbole du droit d'accès à l'information. Il emporte le principe de gratuité en son sein. Une collectivité locale ne pourrait-elle pas assurer la connexion de ses administrés à Internet ?

Un domaine public de l'information et de la communication serait érigé sur un principe de gratuité ou de vil prix et de liberté d'utilisation des biens communs à tous. L'auteur d'une œuvre aurait la possibilité de la placer dans un fonds commun qui constituerait un lieu de libre accès à l'information. Biens culturels, articles de recherche et autres pourraient constituer ce fonds commun. Un statut de biens culturels ou plus généralement des biens publics pourrait être établi en ce sens. Utopie, hérésie ou futur proche ? La société de l'information aura des choix à faire.

II – Le droit au secret de l'information

Certaines informations sont protégées par nature. Ainsi les informations qui sont liées au secret professionnel ou au secret défense. Mais en l'occurrence, le droit au secret défend un certain nombre de valeurs et de droits de la personne qu'il s'agisse du droit à l'image ou du droit à la sécurité. L'évolution des techniques de l'information permet à chacun de pénétrer des réseaux de communication et d'information et de capter des signaux et des messages dans ces réseaux qui peuvent être ouverts mais qui peuvent aussi être verrouillés et interdits d'accès. Enfin, les individus qui participent au réseau et divulguent de l'information peuvent avoir intérêt à préserver leur confidentialité. Cette évolution soulève deux questions fondamentales : celles de la cryptographie et de la traçabilité.

A – Le droit au message secret : la cryptographie

La cryptographie est la discipline incluant les principes, moyens et méthodes de transformation des données dans le but de cacher leur contenu sémantique, d'établir leur authenticité, d'empêcher que leur modification passe inaperçue, de prévenir leur répudiation et d'empêcher leur utilisation non autorisée. Pour crypter des données, il est fait appel à des clés de chiffrement utilisant un grand nombre de bits et réputées inviolables. La cryptographie permet aux internautes de protéger leurs correspondances privées comme elle permet aux entreprises de sécuriser leurs affaires (malgré les violations du réseau Échelon) avec notamment des garanties de confidentialité des paiements électroniques pour les achats en ligne.

Mais la cryptographie présente également un risque, celui d'assurer le secret de communications illicites qu'elles soient des activités délictuelles ou criminelles comme par exemple des messages de terroristes. Dès lors, l'intérêt public exige un certain contrôle, une certaine surveillance. Aux USA, le réseau Échelon a pour objectif de traquer les activités des cybercriminels dans le monde entier ce qui peut être assimilé à de l'espionnage même si l'objectif est de lutter contre le terrorisme. En France, jusqu'à la loi de 2004 sur l'économie numérique, la réglementation n'autorisait le cryptage des données que jusqu'à 40 bits seulement. Ce seuil permettait notamment à la police d'exercer facilement une surveillance par intrusion. Toutefois, il est plus qu'évident que quiconque doté d'un bon matériel pouvait lui aussi percer les mystères de cryptages ordinaires. Le recours à des cryptages plus sophistiqués était autorisé mais sous certaines conditions et notamment celle de déposer les clés de chiffrement chez des tiers de confiance, système assez peu réaliste au demeurant. Aujourd'hui, la loi sur l'économie numérique libère le cryptage en autorisant des dépassements du seuil au-delà de 40 bits mais n'instaure pas un régime de liberté. En effet, la loi pour la confiance dans l'économie numérique impose un régime d'autorisation auprès des services du Premier ministre. Par ailleurs, est institué un régime de responsabilité renforcée pour les prestataires de services de confidentialité et de signature électronique. Des sanctions sont prévues pour ceux qui ne respecteraient pas ces dispositions.

La cryptographie apparaît par conséquent nécessaire pour préserver la confidentialité d'un certain nombre de transferts d'informations sans laquelle aucune transaction économique ne saurait être effectuée. Or, le développement du e-business, du e-commerce, exige un nécessaire compromis avec les contraintes liées au développement de la cybercriminalité. Le régime d'autorisation imposé par la loi est certainement doublement protecteur. D'une part, il protège les établissements financiers, les sociétés et les particuliers impliqués dans le commerce électronique en garantissant la confidentialité et la sécurité de leurs transactions et, d'autre part, il protège l'État garant de l'intérêt général qui pourra exercer une cybersurveillance et déchiffrer les communications utilisant des codages non autorisés et qui deviendront, de ce seul fait, particulièrement suspects. Dans ces conditions, il n'existe pas véritablement un droit au secret de l'information mais plutôt un droit à la confidentialité sous réserve du respect au droit général à la sécurité. Il est néanmoins significatif de constater que chaque fois qu'un moyen moderne d'information et de communication apparaît, l'État ne lui accorde dans un premier temps, qu'un régime de liberté publique restrictif.

B – Le droit à l'anonymat

Les traces qui laissent les communications numériques interdisent le secret absolu. Mais l'anonymat de l'internaute est-il un droit protégé ? Utiliser le web n'est pas une obligation. Dès lors l'anonymat ne saurait être un droit légitimement protégé. L'internaute qui décide de se promener sur la toile mondiale est susceptible d'être retenu par elle. Toutefois l'usage de cette trace ne saurait être libre. Par exemple, l'exploitation des traces laissées sur l'intranet de l'entreprise par un salarié ne permet pas à un employeur de violer impunément la vie privée du premier (Cour de cassation, 2 octobre 2001, Nikon France). Le commerce électronique met en œuvre de nouvelles techniques de marketing qui permettent d'étudier le comportement d'un consommateur à partir des traces qu'il aura laissées dans ses passages divers sur la toile. Ce consommateur peut même être identifié personnellement s'il utilise un moyen nominatif de paiement ou même un numéro de carte bancaire. Ces traces personnalisées peuvent avoir une valeur économique et être vendues à des sociétés commerciales ciblant tel type de consommateur repéré. En principe, s'agissant de données personnelles, elles entrent sous le coup de la protection de la loi et de la CNIL. Les internautes doivent avoir donné leur consentement au traitement de ces données sauf dérogations. Ils peuvent exercer un droit d'accès, de rectification et d'opposition sous le contrôle de la CNIL.

L'article 6 de la directive 97-66 du 15 décembre 1997 au sujet du traitement des données à caractère personnel et à la protection de la vie privée dans le secteur des télécommunications prévoit que les données relatives aux connexions des abonnés et utilisateurs d'un réseau public de télécommunication et/ou d'un service de communication accessible au public, doivent être effacées ou rendues anonymes dès la fin de la communication sauf à garder quelques preuves pour la facturation uniquement ou pour répondre à des opérations de police.

La loi du 1er août 2000 a établi à l'encontre des hébergeurs de site mais aussi des fournisseurs d'accès une obligation générale de détenir et conserver les données de nature à permettre l'identification de toute personne ayant contribué à la création d'un contenu. La loi du 23 juin 2004 qui énonce dans son article premier le principe général de liberté de la communication au public par voie électronique établit un régime de responsabilité civile et pénale pour les prestataires, c'est-à-dire les personnes dont l'activité est d'offrir un accès à des services de communication au public en ligne ou d'assurer le stockage des données. Les hébergeurs et les fournisseurs d'accès n'ont pas l'obligation légale de surveiller le contenu des informations qu'ils transmettent ou stockent. Ils ne sont pas responsables du fait des activités ou des informations stockées à la demande d'un destinataire de ces services s'ils n'ont pas en connaissance de leur caractère illicite ou si, en ayant en concurrence, ils ont agi promptement pour retirer ces données ou en rendre l'accès impossible. Pour que leur responsabilité soit engagée, il faut que l'information ait présenté un caractère manifestement illicite ou qu'un juge en ait ordonné le retrait.

Les hébergeurs doivent informer les autorités publiques de toutes les activités illicites dont ils ont connaissance. En fait, l'anonymat reste le principe et la traçabilité l'exception afin de permettre l'identification des auteurs d'infractions de toutes natures.

9

LE DROIT DE RÉPONSE

Prévu initialement par l'article 13 de la loi de 1881, le droit de réponse, parfois appelé droit de rectification, est la procédure qui permet à un individu mis en cause de faire connaître ses explications ou ses protestations sur les circonstances et dans les conditions mêmes qui ont provoqué sa désignation. Spécificité française, le droit de réponse trouve naturellement son origine dans la presse écrite. Sous la pression des engagements européens, il fut ensuite étendu aux services de communication audiovisuelle, sous la forme d'un droit de rectification. Il a été reconnu par le législateur pour les « communications au public » en ligne par la loi pour la confiance en l'économie numérique.

Limite à la liberté d'expression, le droit de réponse est envisagé comme un véritable droit de la personnalité. Ce droit à l'exercice d'un droit de réponse est alors comparable au respect du principe du contradictoire dans le procès : il a vocation à garantir un équilibre dans l'espace communicationnel. La comparaison reste pertinente quant aux modalités de l'exercice de ce droit de réponse qui permettent à la personne désignée de disposer des mêmes moyens que celui qui est à l'origine de la désignation.

Susceptible d'abus et parfois considérée comme une « expropriation partielle d'utilité privée » cette prérogative est très encadrée. De façon générale, le droit de réponse doit avoir pour objet de défendre la personnalité d'un individu désigné. Soumis à des conditions d'exercice contraignantes, la forme et le contenu du droit de réponse sont précisés par des règles impératives. Sa publication, laissée à la discrétion du directeur de publication est source d'un contentieux complexe.

I – Condition d'exercice du droit de réponse : la désignation dans un espace communicationnel identifié

L'objet du droit de réponse est de rétablir un équilibre rompu par la désignation. En quelque sorte de permettre à celui qui entre fortuitement dans un espace communicationnel, par sa désignation, de pouvoir s'exprimer et de devenir à son tour, acteur de cet espace médiatique.

A – La désignation

En matière de presse écrite comme en matière de communication au public en ligne selon la loi pour la confiance dans l'économie numérique, la simple désignation d'une personne est suffisante pour considérer qu'une mise en cause susceptible d'ouvrir accès à l'exercice d'un droit de réponse est constituée. Cette désignation doit permettre l'identification de la personne par le biais d'éléments précis de description.

Aucun préjudice, aucune faute et aucune intention de nuire ne sont nécessaires. Ainsi, un article diffamatoire ouvrira l'accès au droit de réponse de la même manière qu'un article élogieux. Encore que certaines décisions fassent référence à une « attaque personnelle et directe ». Ainsi, tout message diffusé, quel que soit son contenu peut ouvrir accès au droit de réponse, que ce soit un message d'information, d'opinion, publicitaire…, aucune distinction n'est possible. Le droit de réponse ne doit donc pas être entendu comme une sanction. L'information la plus légitime et la plus objective peut y donner lieu. Seule la publication ordonnée par une autorité judiciaire n'est pas susceptible d'ouvrir accès à un droit de réponse.

Le régime du droit de réponse en matière de communication audiovisuelle exige de plus que la désignation soit assortie d'une imputation portant atteinte à l'honneur ou à la réputation. De même, le caractère exact ou inexact de l'imputation n'a aucun effet. La jurisprudence entend cependant préserver le droit de critique et de polémique : dans l'hypothèse où la personne désignée a eu l'occasion de faire valoir son point de vue par exemple lors d'un débat télévisé, l'exercice d'un droit de réponse est alors sans objet.

En matière de presse écrite, la publication d'un dessin, d'une photographie n'ouvre pas droit à l'attribution d'un droit de réponse, cependant légendes et commentaires attirant l'attention du public sur la personne ouvrira droit à une réponse de cinquante lignes minimum.

B – L'existence d'un espace communicationnel

Le droit de réponse s'inscrit nécessairement dans un processus communicationnel matérialisé par un support médiatique, il est ainsi envisageable dans l'ensemble des média. L'existence d'un processus communicationnel implique une certaine permanence des relations entre le support de la mise en cause et son auditoire. Cette permanence sera alors caractérisée par la périodicité de la presse écrite, la continuité des communications audiovisuelles et la permanence des communications au public en ligne.

1 – La condition de périodicité en matière de presse écrite

C'est la périodicité de la publication écrite qui va permettre d'établir un processus communicationnel justifiant l'exercice d'un droit de réponse. Ainsi toute personne physique ou morale mise en cause dans un journal ou écrit à tirage périodique dispose d'un droit de riposte. La règle est valable de la même manière pour un bulletin local et pour les quotidiens à grand tirage, pour une parution française comme pour une parution étrangère en France.

Cette exigence exclue donc livres, affiches, tracts et circulaires qui ne bénéficient pas d'une certaine périodicité même si la jurisprudence se montre plutôt libérale dans l'appréciation de ce caractère.

2 – La notion de continuité en matière de communications audiovisuelles

La condition est difficile à remplir en matière de communication audiovisuelle, il sera par exemple difficile de caractériser un lien suffisamment continu entre le support et ses utilisateurs même pour les phonogrammes ou vidéogrammes paraissant à intervalles réguliers. La notion de communication audiovisuelle est définie comme « toute mise à la disposition du public ou de catégorie de public, par un procédé de communication, de signaux, d'écrits, d'images, de sons ou de message de toute nature qui n'ont pas le caractère d'une correspondance privée » entendue assez largement, elle concerne la radio, la télévision mais pas l'Internet. Ainsi, film, téléfilm ou émission de radio peuvent entraîner l'ouverture d'un droit de réponse de même pour les messages publicitaires. Toute activité de communication audiovisuelle est donc susceptible d'entraîner un droit de réponse, à la condition qu'il existe une certaine continuité des relations entre le support de la mise en cause et ses utilisateurs, ce qui est, du reste, souvent difficile à matérialiser.

3 – La notion de permanence en matière de communications au public en ligne

Envisagé comme un véritable droit de la personnalité, le droit de réponse a nécessairement vocation à s'appliquer s'agissant des communications au public en ligne. La notion de continuité requise pour l'exercice de ce droit de réponse est nécessairement remplie pour ce qui est de la communication en ligne dans la mesure, ou le site Internet a vocation à être diffusé en continu.

Plusieurs régimes juridiques étaient alors envisagés. On pouvait imaginer l'application de l'article 13 de la loi de 1881, car finalement, le contenu en question est souvent assez proche de l'écrit. Il était aussi possible d'appliquer l'article 6 de la loi de 1982 en assimilant la communication en ligne à un service de communication audiovisuelle. La jurisprudence, avant la réforme, se montrait cependant hésitante et n'osait pas accorder un droit de réponse pour ce média.

Le juge des référés du tribunal de grande instance de Paris dans une ordonnance du 5 juin 2004 estimait ainsi que : « les dispositions concernant le droit de réponse ne s'appliquent qu'à la presse périodique et non aux services électroniques lorsque ceux-ci impliquent une mise à jour continue, exclusive de toute périodicité régulière »

Le magistrat rejetait également l'application des dispositions régissant le droit de réponse en matière audiovisuelle, au motif que : « Ces dispositions n'apparaissent pas non plus appropriées aux circonstances de l'espèce, tant en ce qui concerne la diffusion de la réponse qu'en ce qui concerne les difficultés tenant à la fixation d'une date précise pour l'insertion de la réponse ».

Le juge faisait cependant application des dispositions du Code de procédure civile qui l'autorisent à prescrire toute mesure propre à faire cesser un trouble manifestement illicite, en l'espèce constitué par la diffusion incriminée, et ordonnait la publication sur le site d'un texte reprenant les éléments souhaités par la victime.

Le législateur posait définitivement l'existence d'un droit de réponse, très proche de celui prévu pour la presse écrite, pour les communications au public en ligne le 21 juin 2004 avec la loi pour la confiance dans l'économie numérique : « ... toute personne nommée ou désignée dans un service de communication au public en ligne dispose d'un droit de réponse, sans préjudice des demandes de correction ou de suppression du message qu'elle peut adresser au service... Elle est présentée au plus tard dans un délai de trois mois à compter de la mise à disposition du public du message justifiant cette demande... »

II – Contenu et forme du droit de réponse

Par l'exercice du droit de réponse, le mis en cause et seulement lui, permettra au public d'être informé de la réplique. La philosophie du droit de réponse est de protéger les droits de la personnalité mais aussi de rétablir un équilibre comparable à l'équilibre recherché par la garantie procédurale du contradictoire. Ainsi, autant dans le fond que dans la forme, le droit de réponse doit apporter un équilibre dans l'espace communicationnel, les propos contenus doivent donc être licites, mesurés et en corrélation avec la mise en cause, de même, des règles de forme précises, souvent critiquées pour leur complexité encadrent cette action.

A – Le contenu de la réponse doit être licite, mesuré et en corrélation avec la mise en cause

1 – Licite

Le directeur de publication à qui est nécessairement adressée toute demande de publication d'une réponse reste responsable de la teneur des réponses. Il lui appartient d'apprécier le contenu de la riposte. Toute assertion diffamatoire, injurieuse… contrevenant en général aux bonnes mœurs à l'ordre public ou à l'intérêt des tiers devra être refusée, la responsabilité du directeur de publication pouvant être recherchée.

2 – Mesuré

Une proportionnalité entre la mise en cause et le droit de réponse doit exister. La difficulté sera alors de préserver les droits des tiers éventuellement cités dans la réponse, ainsi, par exemple, la réponse ne devra pas être une atteinte à l'honneur du journaliste.

Cet équilibre doit aussi se retrouver entre le ton de l'article initial et celui de la réponse.

3 – En corrélation avec l'article initial

La réponse doit être compréhensible, pertinente et surtout en corrélation directe avec l'article initial. Elle ne doit pas avoir pour objet de promouvoir la doctrine d'un parti politique ou se transformer en tribune libre. Le fait de requérir sur le fondement de l'article 13 de la loi du 29 juillet 1881 l'insertion d'un texte ayant pour objet d'assurer une présentation générale d'un parti politique ou d'en promouvoir les thèses, constituerait un abus de droit et justifierait un refus d'insertion.

B – La forme de la réponse

La demande doit être adressée au directeur de la publication et seulement à celui-ci. La requête doit préciser qu'il s'agit d'une demande d'insertion et doit préciser le rapport existant avec l'article ou le message (date, heure et référence de la diffusion) à l'origine de la réponse. Il n'existe pas de formalisme particulier, néanmoins la lettre recommandée ou l'exploit d'huissier sont conseillés car en cas de contentieux, c'est au demandeur qu'il appartiendra de prouver que la demande aura été reçue. La forme de la réponse est prévue pour la presse écrite comme pour les communications au public en ligne par l'article 13 de la loi de 1881.

Selon l'alinéa 3 de cet article, l'insertion « devra être faîte à la même place et en mêmes caractères que l'article qui l'aura provoquée » Ce parallélisme doit être recherché de la manière en matière de communication audiovisuelle. La réponse est nécessairement un texte écrit, rédigé par la personne mise en cause. Les illustrations ne sont pas admises.

La longueur de la réponse ne doit pas excéder la longueur de l'article qui l'a provoquée « non compris l'adresse, les salutations, les réquisitions d'usage et la signature... Elle atteindra 50 lignes alors même que cet article serait d'une longueur moindre et ne pourra dépasser 200 lignes alors même que cet article serait d'une longueur supérieure ».

Les illustrations, photographies et dessins, ne sont pas pris en compte dans le décompte. L'étendue de la réponse sera fonction de l'étendue de la partie de l'article initial désignant l'intéressé.

En matière de communications audiovisuelles, le requérant doit adresser sa demande au directeur de la publication. Cette requête doit contenir un texte ne pouvant être supérieur à trente lignes, la durée de la réponse ne pouvant excéder deux minutes. En toute hypothèse si la réponse dépasse la longueur prévue par les textes, l'insertion peut être refusée.

Le directeur de la publication assume l'obligation légale de publier intégralement la réponse sans modification. Dans ce cadre, il n'est pas exonéré de sa responsabilité pour le contenu de l'insertion qu'il aura publié. Il peut et doit refuser l'insertion de contenus illicites, contraires à l'intérêt légitime des tiers, à l'honneur ou à la considération du journaliste. Délicate situation, il se substitue alors au juge pour apprécier une situation de fait et censurer ou autoriser des contenus en prenant pour chaque décision le risque de voir sa responsabilité pénale et civile retenue. L'indivisibilité de principe de la réponse s'oppose à ce qu'il sélectionne le contenu de la réponse, dans cette hypothèse sa responsabilité pourrait toujours être recherchée sur le fondement du délit de refus d'insertion.

III – Procédure et contentieux du droit de réponse

L'exercice du droit de réponse est réservé à la personne désignée. Action extrajudiciaire, elle est soumise aux délais propres au droit de la presse. Le droit de réponse, ingérence dans l'activité des journalistes, est alors source d'un contentieux important.

A – Le droit de réponse une action personnelle, extrajudiciaire

Le droit de réponse ne peut être exercé que par la personne désignée qui dispose de délais courts pour agir.

1 – Les titulaires du droit de réponse

Le droit de réponse est une prérogative personnelle qui ne peut émaner que de la personne désignée, en dehors de quelques cas : mandat spécial, action exercée aux intérêts d'un mineur par ses parents…

La personne désignée et titulaire du droit de réponse peut être une personne physique ou morale. Il pourra alors s'agir de personnes publiques dans l'exercice de leurs fonctions, de simples particuliers, d'associations, de partis politiques, de syndicats…

S'agissant d'un droit strictement personnel, seule la personne désignée peut agir, la preuve du caractère personnel de la requête devra être établie. Une exception permet cependant aux héritiers, époux et légataires universels vivants d'user du droit de réponse. Dans l'hypothèse de l'exercice du droit de réponse au nom d'une personne morale, seuls ses organes qualifiés seront compétents : Président d'association, maire pour le compte de sa commune… La désignation d'une personne ayant la qualité de dirigeant de personne morale lui ouvrira alors le droit de réponse mais n'ouvrira pas de droit de réponse à la personne morale.

La désignation doit être suffisamment précise, la mise en cause d'un corps constitué, d'une profession, ne permettra pas à chacun des membres de ces groupements d'exercer un droit de réponse. Mais lorsque l'ensemble des membres d'une collectivité dotée de la personnalité morale a été visé, les dirigeants de celle-ci peuvent exercer le droit de réponse en son nom. Ainsi le maire d'une commune dont les habitants avaient été mis en cause collectivement a été considéré comme qualifié pour exercer le droit de réponse en raison de l'intérêt communal en jeu.

L'action n'est donc pas ouverte à une personne morale qui n'a pas été directement désignée même si les intérêts qu'elle défend ont été mis en cause. Un régime dérogatoire est cependant accordé aux associations de lutte contre le racisme, en effet la loi du 13 juillet 1990 a permis aux associations ayant pour objet de combattre le racisme ou d'assister les victimes de discrimination d'exercer un droit de réponse.

En toute hypothèse, les associations régulièrement constituées depuis au moins cinq ans et qui se proposent par leurs statuts, de défendre la mémoire des esclaves et l'honneur de leurs descendants, de combattre le racisme ou d'assister les victimes de discriminations fondées sur leur origine nationale, ethnique raciale ou religieuse disposent d'un droit de réponse spécial expressément prévu par la loi.

Un droit de réponse spécial, concerne les personnes décédées, cette prérogative est alors ouverte aux héritiers ou légataires universels de celles-ci et à leur conjoint. Il est expressément prévu par l'article 34 alinéa 2 de la loi de 1881 et n'est ouvert que dans l'hypothèse où l'imputation porte atteinte à la mémoire du défunt par des propos diffamatoires ou injurieux. L'exercice du droit de réponse, n'est alors pas limité à un seul bénéficiaire.

En matière de communications audiovisuelles, aucun droit de réponse distinct n'est prévu, cependant les héritiers en ligne directe, les légataires universels ou le conjoint de la personne décédée peuvent l'exercer dans l'hypothèse où il aurait été porté atteinte à l'honneur ou à la réputation de la personne décédée.

2 – Délai d'exercice

Le délai d'exercice du droit de réponse était à l'origine de nombreuses discussions : « le préjudice médiatique » s'amenuiserait avec le temps et passés certains délais, l'exercice de cette prérogative deviendrait injustifié.

Ainsi, le délai d'un an prévu par l'article 13 de la loi de 1881 pour une demande d'insertion a été ramené à trois mois par la loi du 15 juin 2000 renforçant la présomption d'innocence. Le législateur a ainsi aligné le délai accordé en matière de presse écrite sur celui applicable en matière de communications audiovisuelles.

Ce régime était récemment étendu aux communications au public en ligne. En effet, saisi avant la promulgation de la loi pour la confiance en l'économie numérique, le Conseil constitutionnel se prononçait sur le délai d'exercice du droit de réponse pour les communications au public en ligne. Cette décision était alors fondée sur le principe d'égalité devant la loi, en ignorant ainsi les spécificités des différents média.

Exception à ce délai de droit commun, dans un but de protection de la présomption d'innocence, depuis une loi de 1993, la personnalité désignée bénéficie de la réouverture d'un délai de trois mois à compter du jour où elle aura fait l'objet d'une décision définitive de non-lieu, de relaxe ou d'acquittement la mettant hors de cause ; ce régime s'appliquant à la presse écrite comme aux communications audiovisuelles.

L'insertion de la réponse doit être effectuée dans un délai de trois jours à compter de la réception de la requête. Dans l'hypothèse où le support est un « *journal ou un périodique quotidien* » le délai de trois jours comprend alors le *dies a quo*. En raison d'une urgence contextuelle, ce délai est réduit à 24 heures en période électorale, la réponse devant cependant être remise au moins six heures avant l'heure du tirage.

En matière de communications audiovisuelles, le directeur de la publication fait connaître au demandeur dans un délai de 8 jours la suite qu'il entend donner à la requête (24 heures en période électorale).

B – Le contentieux judiciaire du droit de réponse

L'insertion restant à la discrétion du directeur de publication, le refus d'insertion, illégitime, est un délit sanctionné d'une amende de 3 750 euros et relève du tribunal correctionnel. Il est constitué par l'absence d'insertion, même en l'absence d'élément intentionnel, mais aussi dans l'hypothèse où l'insertion s'avérerait irrégulière, réponse coupée, modifiée, publiée tardivement ou sans respect du parallélisme exigé.

En tant que délit de presse, cette infraction se prescrit dans un délai de trois mois.

De plus, l'article 13 alinéa 8 de la loi de 1881 prévoit le prononcé d'une insertion forcée dans les dix jours de la citation sur plainte en refus d'insertion.

Bien que sa compétence ne soit pas expressément prévue en matière de droit de réponse pour la presse écrite, le juge des référés peut être valablement saisi pour faire cesser le trouble manifestement illicite en vertu de l'article 809 alinéa 1 du nouveau Code de procédure civile. Cependant le droit de réponse et ses conditions d'attribution doivent alors relever de l'évidence et ne doivent pas être contrariés par une contestation sérieuse.

En matière de communications audiovisuelles, si la demande est rejetée ou si les modalités de diffusion ne semblent pas satisfaisantes au demandeur, celui-ci dispose d'un recours. L'article 6 de la loi du 29 juillet 1982 donne une compétence de principe au juge des référés et détermine un délai pour agir de 8 jours (24 heures en période électorale). Cette action est autonome, elle ne relève en aucun cas de la loi de 1881.

En toute hypothèse, les actions en insertion forcée, en référé… ne sont pas exclusives d'autres actions fondées sur un délit de presse : diffamation, injure… La diffusion d'un droit de réponse aura éventuellement pour effet de diminuer le dommage mais l'action sur d'autres fondements restera ouverte à la personne désignée.

BIBLIOGRAPHIE

Ouvrages

AUGER Philippe, BENOIT Olivier, FROCHOT Didier, THOMAS Armelle, VALADIER Franck, *Internet, pourquoi ? Comment ?*, Paris, Glyphe et Biotem, 1999, 118 p., ISBN 2-911119-12-6.

BALLE Francis, *Médias et sociétés*, 11e édition, Paris, Montchrestien, 2003, 836 p., ISBN 2-7076-1323-1.

BEAURAIN Nathalie, JEZ Emmanuel, *Les Noms de domaine de l'Internet*, Paris, Litec, « Droit@Litec », 2001, 157 p., ISBN 2-7111-3308-7.

BELLESCIZE Diane de, FRANCESCHINI Laurence, *Droit de la communication*, Paris, PUF, 2005, 487 p.

BERTRAND André, *Droit à la vie privée et droit à l'image*, Paris, Litec, « Responsabilités », 1999, 222 p., ISBN 2-7111-3084-3.

BERTRAND André, *Droits d'auteur et droits voisins*, 2e édition, Paris, Dalloz, 1999, 951 p., ISBN 2-247-02422-X.

BERTRAND André, *La Musique et le Droit de Bach à Internet*, Paris, Litec, 2002, 205 p., ISBN 2-7111-3426-1.

BERTRAND André, *Le Droit des marques et des signes distinctifs : Droit français, droit communautaire et droit international*, Paris, CEDAT, « Théorie et pratique », 2001, 840 p., ISBN 2-86749-041-3.

BERTRAND André, PIETTE-COUDOL Thierry, *Internet et la loi*, Paris, Dalloz, 1996, 206 p., ISBN 2-247-02589-7.

BERTRAND André, PIETTE-COUDOL Thierry, *Internet et le droit*, 2e édition, Paris, PUF, « Que sais-je ? », n° 3504, 2000, 128 p., ISBN 2-13-051128-7.

BIBENT Michel, *Le Droit du traitement de l'information*, Paris, Armand Colin, 2005, 128 p.

BOCHURBERG Lionel, *Internet et commerce électronique*, 2e édition, Paris, Delmas, « Encyclopédie Delmas », 2001, 352 p., ISBN 2-247-04176-0.

BREESSE Pierre, KAUFMAN Gautier (collab.), *Guide juridique de l'Internet et du commerce électronique*, Paris, Vuibert, « Entreprise informatique », 2000, 459 p., ISBN 2-7117-7995-5.

COLOMBET Claude, *Grands principes du droit d'auteur et des droits voisins dans le monde : approche de droit comparé*, UNESCO, 2e édition, Paris, Litec, 1992.

COLOMBET Claude, *Propriété littéraire et artistique et droits voisins*, 9e édition, Paris, Dalloz, « Précis Dalloz, droit privé », 1999, 500 p., ISBN 2-247-03318-0.

DEBASCH Charles, ISAR Hervé et AGOSTINELLI Xavier, *Droit de la communication*, Paris, Dalloz, 2002, 927 p., ISBN 2-247-04114-0.

DERIEUX Emmanuel, *Droit de la communication*, Paris, LGDJ, « Manuel » 1999, 675 p., ISBN 2-275-01716-X.

DERIEUX Emmanuel, *Droit de la communication*, 4e édition, Paris, LGDJ, 2003, XVIII, 731 p.

DERIEUX Emmanuel, *Droit européen et international de la communication*, Paris LGDJ, 2003, 282 p.

FRAYSSINET Jean, *Informatique, fichiers et libertés : les règles, les sanctions, la doctrine de la CNIL*, préf. Jacques FAUVET, Paris, Litec, 1992, 229 p., ISBN 2-7111-2036-8.

GAUTIER Pierre-Yves, *Propriété littéraire et artistique*, 5e édition, Paris, PUF, 2004, 935 p., ISBN 2-13-05-46722.

ITEANU Olivier, *Internet et le droit*, Paris, Eyrolles, 1996, 227 p., ISBN 2-212-08877-9.

LINANT DE BELLEFONDS Xavier, CARON Christophe, *Droits d'auteur et droits voisins : propriété littéraire et artistique*, 2e édition refondue, Paris, Dalloz, 2004.

POLLAUD DULIAN Frédéric, *Le Droit d'auteur*, Paris, Economica, 2005, 1051 p., ISBN 2-7178-4926.

Revues

Communication commerce électronique, Éditions du juris-classeur.

Revue Lamy du droit immatériel.

Légicom.

Légipresse.

Autre

Encyclopédie du jurisclasseur « Droit de la communication ».

Code de la communication, 2005, Dalloz.

TABLE DES MATIÈRES

Achevé d'imprimer sur les presses de l'Imprimerie BARNÉOUD
B.P. 44 - 53960 BONCHAMP-LÈS-LAVAL
Dépôt légal : juin 2006 - N° d'imprimeur : 606064
Imprimé en France